大学教授、発達障害の子を育てる

岡嶋裕史

光文社新書

はじめに

子どもが発達障害です。

「困ったな」と思いました。ぼくはそもそも、「子どもをちゃんと育てられるだろうか」と危惧していたのです。人間の赤ちゃんを動物と一緒くたにしてはいけませんが、食べ物を与え、環境を快適に保ち、危険や不具合があればそれを除去するといった一連の作業は共通しています。

ぼくのこれまでに育ててきた生き物（それなりに生き物好きの子どもだったのです）のことごとくは、あまり天寿を全うしていません。色々な要因があるでしょうけれども、主因はぼくのお世話が下手な点に求められるのではないかと思います。

そこへ、人間の子どもです。ただでさえ難易度が高そうで、びくびくしていました。それが発達障害なのですから、大変なことです。高尾山を登り始めたら、実はそれがＫ２への道だったと判明したくらいのインパクトがありました。

正直なところ、何をしていいのかよくわかりませんでしたが、取り敢えず目を閉じたり耳を塞いだりするのはやめておこうと思いました。子どもに障害があるという事実はなかなか飲み込んだり咀嚼《そしゃく》したりしにくいので、まるでそんなものはなかったかのように振る舞う戦略もありますが、それでいつの間にか障害の事実が消えてなくなるわけではありません。

ぼくにとっては、知らないこと＝怖いことなので、素人なりに障害のことをよく知ろうと思いました。入門書や専門書、各種法令やハンドブックに至るまで、大量の文献を読みあさりました。ぼくは大学で教員をしていて（情報ネットワークや情報セキュリティが専門なので、分野は全然違いますが）、文献を読むのは好きなのです。

そんな生活を送っていて思ったのは、専門書に書いてあることと、現実に遭遇する実態はけっこう違うなあということでした。もちろん専門書は専門書で意味があります。体系的で網羅的で、障害というつかみどころのないものをよく言語化しています。

でも、子どもとやり取りしたり、役所に掛け合ったり、施設を選んだりするのに一番役立ったのは、先達が残してくれた手記やブログでした。それらは個人的な体験ですから、そのまま自分の子に当てはまるわけではないですし、自分の地域のしくみや規約とは異なっていることもあります。しかし、障害のある子を育てるという暗夜行路の中で、確実に強い光を放って足下を照らし、無聊《ぶりよう》をなぐさめてくれました。

　記した人に直接お礼を言うことはできないけれど、いつか療育が一段落したら自分も何か書き残しておこうと思ったのを覚えています。その、「やっと一段落」がとうとう成って、ちびちびと「本がすき。」に連載をさせていただいたのが２０１９～２０２０年のことです。発表の機会をいただいた光文社様と、目にしていただいた読者の皆様には改めて御礼を申し上げます。

　１年半にわたる連載をまとめて、加筆・修正したのが本書です。ぼくとしては、経験に基づいた役に立つ障害の知識だったり、子どもの様子だったりを書き連ねた気分でいたのですが、今読み返してみると、自分が変であることを主張するような書籍に仕上がっていました。

　そう、子どもの障害と向き合うことは、自分自身と向き合うことでもありました。ぼくは子どもの頃から、「なんだか、まわりの人みたいにうまくやれないなあ」とか、「そもそも、多くの人とものの感じ方や世界の捉え方が違うみたいだ」となんとなく思っていました。「生きるのがしんどいなあ」とも。

子どもが発達障害であると断じられて、その症状や症例について勉強し、改めて自分の人生を見直してみると、「あっ、これは自分もその気があったな」とうなずくことばかりでした。だから、連載で取り上げた事例も、だんだん子どもの様子から、自分の体験談へとシフトしてしまっています。

老人の体験談など開陳しても、何もいいことはないのですが、「その気のある人」の心象風景としての描写は正確であることを心がけましたので、何かのご参考になれば嬉しいです。知識として役に立たなくても、「こんなにいい加減だったり、失敗したりしている人でも、まあなんとかなったんだな」と、自信をつける踏み台に使っていただければ、筆者としては本望です。

なお、連載から時が経ち、子どもの様子や障害を取り巻く状況、規約などにも変化が見られます。しかし、当時感じたことをダイレクトにお伝えしたいと考え、この点についての修正は必要最小限に抑えました。お読みになるときに、お含み置きいただければ幸いです。

目次

3

悩み多き学校教育　

1

発達障害について調べてみた

実は自分も……

子どもを持つのはどうにも不安だった。

はじめての子どもなど、誰でも不安に思うに違いない。しかし、ぼくの場合はもっと根源的なところで不安だったのだ。

そもそも、生き物を育てるのが苦手だ。

メダカ、金魚、ネオンテトラ、リス、カブトムシ……、自分の子ども時代に、我が家には色々な生き物がやってきたが、ことごとくが速やかに退場していった。鬼籍に入っていったのである。

リスやカブトムシはともかく、金魚なんて世話が必要なのかといぶかしむ人もいるかもしれない。しかし、生き物の世話が苦手という人は、とことん苦手なのだ。

自分としてはきちんとやっているつもりである。マニュアル本を買ってきて、その通りに世話をするのだが、どうにもうまくいかない。

あるとき、一日の仕事を終え深夜に帰宅すると、ネオンテトラが数匹水槽の周囲で亡くなっている光景に遭遇した。キャトルミューティレーションと見まごう異景である。

そのときはじめて、魚にも自殺があるのだと知った。

あまりにも水槽の水が汚いと、清冽《せいれつ》な環境を求めて、外へ飛び出していくのだそうだ。もちろん、うちの水槽のまわりには、彼らが求めた清い水資源はなかったが。

確かに水槽を見返してみると、緑色に汚濁した何か別の生命を生み出しそうなどろりとした液体が広がっている。40億年前の生命のスープとはこのようなものだったのかもしれない。

でも、世話をサボタージュしたり、忘れたりしていたわけではないのだ。マニュアル通りにやっても、どうしてもそうなるのである。どんなに懇切丁寧に教えているつもりでも、どうしても素因数分解が理解できない子がいるが、きっとこんな気持ちなのかもしれない。彼らもさぼっているわけではないのだろう。

思えば、ぼく自身に発達障害の素養があったのだろう。幼稚園では友だちがあまりおらず、でも本人はそんなことを一つも意に介することなく、ひたすら帝国海軍航空機のスペックを覚えて諳《そら》んじていたし、先生とはこんなやり取りがあった。

「どうしてお弁当のふたを開けないの？」

「誰が開けてくれるんですか？」


徹底的にズレていたのだ。

このズレは小・中学校へと進み、周囲が社会性を身につけるにしたがって大きくなっていく。ぼくもきっと周囲の目には相当奇異に映っていたのだろうが、なんとなくやり過ごしてしまったのには、いくつかの理由がある。


一つには、当時の検査態勢や、周囲の理解がやはり甘かった。

今だったら、１歳児検診か、３歳児検診で、療育をすすめられていたことだろう。

そして、これがとても大きかったのだが、ぼくは成績が良かった。

当時のことだから、小・中学校でも学年の順位などは残酷に掲示されていたが、先生は学内ではなく東京都での順位をそっと耳打ちしてくれた。あの頃、成績の良い子は偉いと思われていたので、変な子にも種々のお目こぼしがあったのだ。自作のプログラムが定期的に雑誌に掲載されていたのも、先生たちのお気に入りだった。

特に熱心に勉強していたわけではない。むしろ、朝起きられない子で、無事に出席するより、欠席・遅刻・早退のほうが多かったくらいだ。でも、記憶力が良かった。今は歳をとってだいぶ怪しくなってしまったが、教科書をざらっと眺めるだけで空欄補充問題などは対応できた。

だから、新作ゲームの発売日に学校に行かなくても、自作のプログラムの出来が良くて授業中にケラケラ笑い出しても、学校に居場所があった。療育施設などに行くことなく、中学校まで卒業できてしまったのである。

しゅるしゅると中学卒業まで漕ぎ着けたが、相変わらず人の集まるところは苦手だったので、高校は大検（現・高認）を取って代替することにした。一般的には両親が反対すると思うが、ぼくのケースではなんだかあきらめムードだった。幼稚園時代から11年間、途切れることなく「なんとかして欠席しよう」と企《たくら》み続ける子どもの相手に疲れていたのかもしれない。

20歳になって大学に進学するまでの5年間、ずっと「大戦略」と「信長の野望」をやり込んでいた。今になって振り返っても、至福の5年間である。人生があれだけ輝いていた日々はない。誰にも会わず、午前中に起きる苦行も経ず、落ち着いた深夜の空間にどっぷり浸かり、敵の裏をかく作戦だけを考えることができた。
大学に進学することになっても、当時の授業はぬるかったので、結局修士課程を修了するまでの11年間、ぼくはほとんどお昼前には起きていなかったことになる。

そんな人間に子どもを育てることができるのだろうか？

発達障害や自閉症って何？

ぼくの私的なエピソードに入っていく前に、発達障害や自閉症といった言葉について、ここで一度確認しておこうと思う。もちろん、ぼくは発達障害の専門家でないので、記述の正確性について、あまり当てにしないで欲しい。あくまで障害を持つ子の親の立場で、専門外の人間が勉強して、生活実態も加味して書いているだけである。

認知件数の増大にともなって、これらの言葉を一般的な学校や会社で耳にする機会は増えたが、言葉が拡散すると、当然意味の拡散も起こる。使い勝手のいい言葉は、色々な場所で使われ、当初の意味とは違う意味をも持ってしまうことがよくある。それは、ぼくが専門とするインターネットの世界でもそうだ。「ホームページ」なんて、いい例である。元の意味と、今みんなが使っている意味はだいぶ違う。

けっこうな知的職業に就き、自ら知識人を任じている人との対談で、「自閉症ですか。引きこもりなんですね」と言われたり、「自閉症とは、生きる力の弱い子のことである」と解説している記事があったりして、唖然としたことがあるが、自分に関係のない事柄って、そのくらいにしか理解していないのがふつうだよなとも思う。実際には、やたらと元気で明るい自閉症の子も、無闇にガタイが良くて運動好きの自閉症の子もいるのだが。

日本の病院で診察を受けると、米国精神医学会の診断基準（ＤＳＭ）をもとに診断名がつけられることが多いので、発達障害や自閉症に関心を持ったら、ＤＳＭの内容を知っておくといいと思う。

しかし、これもけっこう面倒くさいのだ。ＤＳＭは医師向けの診断マニュアルだが、マニュアルである以上、定期的に見直しが入る。現在の最新版はＤＳＭ‐５（２０１３年）で、これに従って診断名などがつけられるのがよいと思うが、日本の病院ではいまだ一つ前のＤＳＭ‐Ⅳ‐ＴＲ（２０００年）に依っていることも多く、やや言葉が混乱しているように感じる。医師だって、常に知識をアップデートし続けている人ばかりではないし、新しい診断基準が気に入らず、敢えて古い診断基準を使い続けている医師もいる。

まずＤＳＭ‐Ⅳで、特に日本での症例の多そうな障害カテゴリをいくつかあげてみよう。

・精神遅滞
・学習障害
・広汎性発達障害
・注意欠如および破壊的行動障害

ぼくは、学習障害（ＬＤ）と注意欠如および破壊的行動障害（ひどい言い方だが、これは古い分け方で、ＤＳＭ‐５では注意欠如・多動性障害〈ＡＤＨＤ〉として独立した）には詳しくないので、精神遅滞と広汎性発達障害について書く。

精神遅滞は、今でいう知的能力障害である。法で定められているわけではないが、知能検査（これにも、言語性知能検査と動作性知能検査がある）で70未満の数値を示すと、知的障害があるとされ、障害者手帳などが配布されることが多い。もちろん、人の知能にはばらつきがあるが、知能指数（以下、ＩＱ）は70〜１３０の間に95％の人が収まる設計になっている。知的障害を持っている子は、この中に入らないことになる。もちろん、ＩＱが高すぎて標準値から外れる子もいる。海外では、こちらのパターンの子を特別支援学級に入れるケースもある。確かに、うまく大多数の子に溶け込めない、という意味では手助けが必要だろう。

ただし、ではＩＱ70未満の子がいきなり生活困難かというと、そんなこともない。

ＩＱの計算は、

精神年齢÷実年齢×１００

や、

同じ年齢の集団内でどのポジションにいるのかによって行う。

たとえば前者の方法を用いるとして、実年齢20歳で、知的な能力が14歳程度の人がいたとすると、

14÷20×100＝70

でIQ70となる（実際にはこの計算式はその人の実年齢が高くなるとおかしな値をはじくことになるので、いくら歳をとっても式では16～20歳あたりで止めて計算する）。

確かに20歳のときに、14歳くらいの知的能力しか備えていないのであれば、生活に支障が生じるだろう。たとえば、筆記試験をクリアしての大学進学などは厳しいかもしれない。

しかし、一方で14歳くらいの能力があれば、相当生きていけそうだ。自分が14歳のときのことを考えても、1人で飛行機に乗って旅行もしたし、プログラムを書いて報酬をもらうなどもしていた。読書も観劇もできるし、人前でしゃべることも可能である。一般的な知的障害者のイメージとは異なり、けっこう楽しくやれそうなのである。というか、療育施設など

で彼らと話す機会は多かったが、中度知的障害くらいの子であれば、いかようにも楽しい会話が成立する。

こんな表を見たことはないだろうか。

IQ50～69　軽度知的障害　教育可能
IQ35～49　中度知的障害　訓練可能
IQ20～34　重度知的障害
IQ　～19　最重度知的障害

知的障害の子の8割方は、軽度知的障害である。このくらいだと、健康状態が良好な子がほとんどだ。中度～重度となるにしたがって、体の機能などにも合併症が見られることが多くなる。

広汎性発達障害とアスペルガー障害の関係

広汎性発達障害は、とても個人的な印象を書いてしまうと、取り敢えずよくわからない障害をまとめてぶち込んだようなカテゴリである。

ＤＳＭ‐Ⅳでは、【広汎性発達障害】の中に、さらに5つのサブカテゴリがあった。

- 自閉性障害
- レット障害
- 小児期崩壊性障害
- アスペルガー障害
- 特定不能の広汎性発達障害（非定型自閉症を含む）

このうち、ほとんどは自閉性障害、いわゆる自閉症である。特定不能の広汎性発達障害は、定義はともかく、実際の診断の現場では、自閉症の軽症例につけられることが多かったと思う。自閉症の診断基準はそれなりに厳しいのだが、ややそれを満たさない（でも、生活していく上では確かに困難がある）子に、特定不能の広汎性発達障害を冠するのである。

では自閉症とは何なのかという話になるが、これは長くなるので次節に譲ろう。

ここでは社会との関わりに困難がある子、くらいに理解しておいてもらえればよい。具体的には、先生の言うことを聞かなくてはならない状況で歩き回ってしまったり、目的の駅を5回やり過ごさないとどうしても学校に行けない朝の儀式を持っている、といった困難がある。

敢えて批判を承知で、コンピュータ屋としての拙い理解を示せば、知的障害はＣＰＵ（中央処理装置）がトラブルを抱えている状況であり、発達障害は入出力装置（コミュニケーション装置）がトラブルを抱えている状況であると思う。

ＣＰＵといえば、コンピュータの中核機能であるため、「ああ、おたくの子は発達障害で良かったね」などと言われることもあるが、そんなにいいものではない。

ＣＰＵの機能に問題を抱えていたり、性能が低かったりしても、そのコンピュータを満足に動かす技術はいくつも存在する。そもそも、あまり高いＣＰＵ性能を必要としていない用途に用いられるコンピュータも多いのである。

一方で、ディスプレイやマウス・キーボード・タッチパネルといった入出力装置に問題のあるコンピュータは、とてもとてもとても使いにくい。どんなに内蔵されているＣＰＵが高性能だったとしても、である。だから、知的障害より発達障害のほうが症状が軽い、社会に適応しやすいという話ではない。また、両者を併発している子も多い。もちろん、併発している子のほうが、人生で抱える困難は大きくなる。

アスペルガー障害は、自閉症の軽症例といわれる。後述するＤＳＭ－５では消えてしまい、自閉症スペクトラム障害の中に含められてしまった。

自閉症の中で、知的な遅れがなく（ＩＱ70以上）、言語運用能力にも遅れが見られないケースで診断される。

似た言葉に高機能自閉症があるが、こちらは知的な遅れがない（ＩＱ70以上）が条件である。高機能といわれると、なんだか頭が良さそうなイメージになるが、ここでいう高機能は「知的障害がない」という意味なので、注意したい。

アスペルガー障害にしても、言葉が流暢といった意味ではない。あくまで「遅れがない」

のである。

アスペルガーは一時、褒め言葉のようになった。卑下《ひげ》の形を取りつつ、自分の配偶者や子を自慢するような状況で、「うちの子はアスペで～」などという用法が取られた。なんだかちょっと行動が変なのだが、妙に記憶力が良かったり計算が得意だったりすることを表現するときに多用される。

障害者を世間に認知してもらうことや、障害者のイメージ向上のために便利な言葉になりつつあったので、医師の中にすらＤＳＭ－５でアスペルガー障害の分類が消えて自閉症スペクトラム障害に統合されたことを残念がる者がいた。

次節はその新版の診断マニュアルであるところのＤＳＭ－５で何が変わったのかと、自閉症の詳細について話をしよう。

ＤＳＭ－ⅣとＤＳＭ－５の違い

なんだか自閉症についてのお勉強的な話が長くなってしまった。

意識あわせをしておいたほうが、この後が読みやすくなるだろうと考えての措置なのだが、自分にまつわる出来事や気持ちを書くよりも、調べ物をして数値を列記するほうが好きだ、という理由もきっと寄与している。こうした性向も、自閉的といえば自閉的である。

小学校の担任の先生に、「岡嶋くんの作文は、議事録みたいだね」と言われたことがある。事実を並べるのは好きでも、自分の気持ちを書くのは不得手なのである。

小学校の授業でも、融通が利かないというか、「先生、それは先ほどのお話と矛盾します」などと、よくやってしまっていた。「朝、歯磨きをしないと口がまずいでしょう？　みんなちゃんと毎食後に歯磨きしなさい」と言われたときは、「先生それは歯磨きの問題ではなく、加齢によって就寝中の唾液量が減少しているのではないですか」と返してしまった。今思い返すと、実に嫌な児童である。

さすがに、嫌がられているなあという雰囲気くらいはわかるし、わかれば学習もするものなので、授業中に先生の間違いを見つけても、先生の目を見て微笑《ほほえ》むくらいに留められるようになった。そうすると、先生も苦虫を噛み潰したような表情で微笑み返してくれるのだ。輪をかけて嫌な子どもである。

この自分の特性にはいつも違和感を覚えていたし、なるべく短めの人生でこの苦労を終えたいとも思っていたが、大学の教員になってみるとお仲間がたくさんいて、少し違和感がやわらいだ。たとえば、年がら年中、沈鬱な思索に耽《ふけ》っている先生がいて、一度も笑顔を見たことがなかったのだが、あるとき事務室で満面の笑みを浮かべながら教授会議事録を読破している様子を見かけてしまった。気をつけて見ていると、どうやらまとまった時間があると議事録を読み返すのが彼の娯楽らしいのである。ときおり、笑い声さえ聞くようになった。

お断りしておくが、議事録などというものは、民間企業であろうと学部教授会であろうと、決して読んで面白いようなものではない。娯楽性は皆無であり、導眠剤がわりに使えること請け合いである。彼のその背中を見て、ぼくは自分の居場所が確保された思いがした。

自閉症の話に戻ろう。

ここまでＤＳＭ-Ⅳのことを書いてきたが、これが２０１３年に改訂され、ＤＳＭ-５になった。今のところ、ＤＳＭ系列の一番新しい診断マニュアルである。

ＤＳＭ-Ⅳでは、広汎性発達障害、注意欠如および破壊的行動障害、学習障害とされていたものが、ＤＳＭ-５では、自閉症スペクトラム障害（ＡＳＤ）、注意欠如・多動性障害（ＡＤＨＤ）、限局性学習障害（ＬＤ）に整理されたのである。

なお、自閉症……はともかく、注意欠如・多動性障害や限局性学習障害と聞くと、「なんだかうちの子も当てはまるのでは?」と不安に感じる親御さんもおられるかもしれないが、多くは気にする必要はないと思う。子どもは、多かれ少なかれ、自閉的であったり、注意欠如・多動的であったり、学習障害的であったりする。診断が下り、手帳がもらえるような注意欠如・多動性障害の子は、比喩でなく「本当に1秒も止まっていられない子」だったりするのだ。療育施設でたまたまADHDの子の遊び相手をする機会があったが、本当に疲れた。楽しかったけど。

今は情報過多であるので、ぼくの分野では少しの法律違反も我慢ができない「法の完全執行問題」(今までだったら見過ごしたり、なあなあにしてきたりした軽微な違法行為をすべてあげつらうようなこと)をどう処理するのかが取り沙汰されているが、子育ても同様である。ちょっとでも定型発達の子と違う要素があると、ついドクターショッピングを繰り返してしまったりすることがあるが、もう少しおおらかに子育てが楽しめるといいと思う。

DSM‐5では、複雑だった広汎性発達障害(DSM‐Ⅳ)の分類もまるっとまとめられて、自閉症スペクトラム障害になった。

【広汎性発達障害】
・自閉性障害
・レット障害
・小児期崩壊性障害
・アスペルガー障害
・特定不能の広汎性発達障害（非定型自閉症を含む）

これらが統合されたり、主因がわかって別の障害へと追い出されたりして、【自閉症スペクトラム障害】に一本化されたのである。

たとえば、自閉性障害と特定不能の広汎性発達障害は、程度の違いがあるだけで、自閉的傾向という意味合いでは同じものである、ということだ。

次は、ではそもそも自閉とは何なのだ？　について話そう。

相互関係の障害――自閉症とは（1）

自閉症（自閉症スペクトラム障害）とは何だろうか。ＤＳＭ－５では、以下の診断基準をすべて満たしたものが、自閉症と呼ばれる。

1. 社会的コミュニケーションおよび相互関係における持続的障害
2. 限定された反復する様式の行動、興味、活動
3. 症状は発達早期の段階で必ず出現するが、後になって明らかになるものもある
4. 症状は社会や職業その他の重要な機能に重大な障害を引き起こしている

これをすべて満たすのは、なかなか容易ではない。だから、ＤＳＭ－Ⅳでは本格的なものを自閉性障害、軽症例を特定不能の広汎性発達障害などと分類する実運用がなされていた。でも、各障害に本質的な違いはないということで、ＤＳＭ－５では一本化したわけである。この基準は、ＤＳＭ－Ⅳの「特定不能の広汎性発達障害」より厳しいので、ＤＳＭ－Ⅳで何

らかの障害と診断されていた子が、ＤＳＭ‐５では何の障害名もつかなくなることはあり得ると思う。

といっても、この説明で「ふうん、そうなのか」と理解できれば苦労はしない。実際、私はこの文書を読んでも、実態は何もわからなかった。飽きるほど病院に行き、療育を受け、色々な教育現場を見て、なんとなく体系化した知識である。だから、今「我が子が自閉症なのでは？」と気を揉んでいるご両親のために、もう少し噛み砕いていこう。

「1．社会的コミュニケーションおよび相互関係における持続的障害」は、こんな内訳にバラすことができる。

・社会的・情緒的な相互関係の障害
・他者との交流に用いられる言葉を介さないコミュニケーションの障害
・（年齢相応の対人）関係性の発達・維持の障害

最初のキーワードは「相互関係」である。自閉症全体がインタラクションの障害なのだ。

自閉症の子は1人でいるとき、自閉症と判別できないことが多い。しかし、人間の集団に放り込むと、ぽろぽろと違和感が出てくる。

みんながあるものに注目しているとき、全然そこに注目しない。先生に声をかけられても、反応しない。多くの子が集合しているのに、平然と単独行動をする。ほとんどの子が笑う状況で、何がおかしいのか理解できない。

ぼく自身は子ども時代、赤信号にまったく注目していなくて、本を読んだままふらっと国道を横断してしまい、まわりの人たちが悲鳴を上げているのにもまったく気づかず死にかけたことがあるし、僕の子どもも魚を追って（自閉症ではありがちだが、魚が好きだったのだ）足のつかない湖にずんずん入っていったことがある。好きなことをやっているときには、たぶん蹴飛ばしたりしても気づかない。定型発達の乳児は、親から離れると不安そうになって泣いたりするが、ぼくの子はまったく気にしなかった。確実に親より魚のほうが好きである。

自分の好きなものには徹底的に執着するが、それ以外のものには極めて無関心なのだ。このとき、「それ以外のもの」には当然「他の人」が含まれるし、時には自分の命も含まれる。

逆さバイバイ、クレーン現象——自閉症とは（2）

面白いのは、逆さバイバイやクレーン現象かもしれない。いや、渦中の人間にとっては面白いどころではないのだが。

逆さバイバイは、手のひらを自分に向けてするバイバイである。ふつうのバイバイとは、手のひらの向きが逆になっている。文章にすると「ふーん」だが、最初に目にしたときは、けっこう異様でぞっとした。周囲に聞くと、自分も子どもの頃やっていたらしいのだが。

子どものバイバイは、大人を模倣して始まるわけだが、逆さバイバイは真似としては正しいと思うのだ。だって、大人のバイバイを見たら、みんな手のひらは子どものほうを向いているのだから。それをそのまま模倣したら、自分に手のひらを向けてバイバイをする「逆さバイバイ」になる。

でも、経験的に明らかなように、これはふつうのバイバイではない。もう遠い記憶だが、定型発達の子は生後6か月くらいでも、ふつうのバイバイができていたように思う。このくらいの月齢でも、自己と他者の区別がきちんとついていて、他者の真似をするのであれば、手のひらはひっくり返すべきだと理解できているわけである。

そう、自閉症の子は、他者への興味のなさ故に、自己と他者の区別が曖昧なのではないかと思う。よく「自閉症の子は、他者の気持ちを想像できない」というが、近くで観察していていると、想像する能力がないというよりは、「自己と他者なんて同じだろう？」程度に思っていて、他者の気持ちを想像する能力を使用しないように見えるのである。

クレーン現象も、その文脈で説明できるのではないかと思う。自閉症の子は、手先が不器用な子が多いので、思い通りにならない自分の手のかわりに、よく機能する他人の手を勝手に使ってしまうのである。他人の手を動かす様がクレーンに似ているので、クレーン現象と呼ぶ。ぼくは、大嫌いなキアゲハの幼虫（子どもは大好きなのだ）をクレーン現象でつかまされそうになって、思わず車道に飛び退《の》いたことがある。危険な現象である。

いい説明かどうかはわからないけれど、自閉症のわからなさって、はじめて読む分野の専門書に似ていると思う。読み始めはどうにもちんぷんかんぷんで、これが同じ人間の言葉なのかとすら疑い、先に進む自信を失う。しかし、その分野の中では書いてある言葉にも順序にも意味があって、習熟するとちゃんと理解できるようになる。

ただ、勘違いして欲しくないのは、逆さバイバイやクレーン現象をしていたから、すぐ自閉症というわけではないことだ。定型発達の子だって、そのくらいすることはある。誰でも自閉症的な要素を持っているし、自閉症の子も定型的な要素を持っている。両者は連続していて、どこからを定型、どこからを障害と線引き（カットオフライン）することはとても難しい。だからスペクトラム（連続体）と呼ぶようになったのだ。

言葉を介さないコミュニケーションの障害——自閉症とは（3）

2番目の「言葉を介さないコミュニケーションの障害」は、自閉症の子は言葉が得意だという意味ではもちろんない。言葉もふつう苦手である。苦手でない状態がとても珍しいので、DSM-Ⅳでは言葉に遅れがない自閉症をアスペルガー障害として区別していたわけだ。これはある意味で当たり前で、言葉は人と相互関係を結ぶためのツールであるから、人に興味がなくて、人と関わろうとしないのであれば、それは発達しないだろう。

一般的に、生後18か月で言葉が出てこなければ、自閉的傾向を疑うと思う。ぼくも「おかしいなあ」とは思っていたのだが、J医大附属病院の先生が「双子（双子なのだ。片方は自閉症で、もう片方は定型発達である）は言葉が遅いんですよねー」と異様にのんびり構えていたので、はぁそうですかと一緒にのんびりし、2歳半くらいまで療育プログラムなどに参加せず引っ張ってしまった。結局4歳くらいまで、喃語《なんご》も出なかったと思う。

ご両親の主たる興味の一つに、「うちの子は、どのくらいまで発達できるのか」があると思う。それはめちゃくちゃ気になる。今、定型発達の子から2年分遅れているとして、大人になったとき2年遅れならそれはほとんどふつうではないかとか、このまま言葉が出なかったらどこで働けるんだろうとか。

「うちの子が自閉症かも」と思ったとき、他のご家庭と比べたくて、ブログショッピングを繰り返すことも多いと思う。ただ、これは気休めとしては御利益があるが、未来予測としてはあまり役に立たない。

定型発達した子の大学教育でもそうだが、能力獲得にはプラトー（高原状態）がある。ぼんっ、と能力が伸びたかと思えば、そこで何年も足踏みしたりする。もうダメかと思うと、また急速に能力が伸長する。未就学時代に「ほとんど定型発達では?」と思っていた子が、長じてみるとあまり能力が伸びなかったり、逆に未就学時代に心配されていた子が普通中学に行ったりした例も見てきた。

だから、「この2か月でこれだけ伸びたから、きっと2年後にはここまで到達しているはず」といった期待や心配は、両親の間での精神安定効果はあるけれど、予測というよりは占いに近いと考えておいたほうがいい。

ちなみに、ぼくの子どもは、４歳まで言葉がなかったので、療育関係者も含めて「この子はずっとしゃべれないのかなあ」と諦めムードが漂っていたのだが、10歳の今は「お前ちょっと黙ってろ」と１日に何回も注意しなければならないほどよくしゃべる。

ただ、会話になっておらず、戦国武将の家系と保有戦力数を延々としゃべり続けているところが定型発達との大きな差である。小学校の普通級に通うのはすごく無理がある。

話がそれた。言葉を介さないコミュニケーションだった。これはたとえば共同注視のようなことだ。

ぼくは中学生の頃、さも素晴らしいものがあるかのように虚空を注視し、誰かがつられてそれを見、何もないじゃないかと非難がましい視線をこちらに向けてくるのに対してにっこり微笑む遊びをして、ずいぶんクラスの人に嫌われたことがある。

それはともかくとして、誰かが興味を持っているものに自分も興味を持って共感するのは、非言語的なコミュニケーションの基本だと思う。でも自閉症の子は、人の視線など忖度《そんたく》しない。好きなものを好きなだけ見ている。

よく、「自閉症の子とは目が合わない」といわれる。まあ、人に興味がないのだから、理にかなった言い方かなとも思うが、ぼくの狭い経験則だと、自閉症の診断を持っている子でも、けっこう目が合う子はいる。ぼくの子も、乳児の頃から視線は合った。だから、「目が合うから、うちの子は自閉症じゃないぞ」と判断するのはあまり効果的な基準ではないかもしれない。視線は合うのだが、その先の共同注視や相互理解に至らない、といった感じである。

３番目の「(年齢相応の対人)関係性の発達・維持の障害」は、まあその通りだ。ぼくの子は自閉症で小学校高学年だが、定型発達の幼稚園児と互するくらいのコミュニケーション能力はあると思う。泥棒が来ても家に入れてしまうかもしれないが、短時間の留守番も可能だし、コンビニでトレーディングカードを購入してくることも可能だ。０や１００ではなく、「年齢相応にならない」ところが障害なのである。

限定された反復する様式の行動、興味、活動——自閉症とは（４）

「2．限定された反復する様式の行動、興味、活動」は、これまでにもけっこう触れてきた。定型発達の子は、特に年少期には様々なものに興味を持つと思うが、自閉症の子は興味が極めて限定されているのである。

それはたとえば、魚が好きとか、恐竜が好きとかいった水準ではなく、恐竜の中でも鳥盤類の角竜下目にしか興味がないといった極端さである。他のものには見向きもしないが、角竜下目のことであれば、24時間でも独り言を続けられるだろう。

それだけ好きなものがあるのは羨ましいといえば羨ましいが、社会生活を送る上では確かに障害である。だって、算数や国語にも興味を示してもらわないと、学校生活が成立しないのだ。

定型発達の子は、放っておいても色々なものを勝手に吸収して育っていくが、自閉症の子はあたまのまわりにタングステン鋼の装甲板が張り巡らされているイメージなのだ。彼らの興味のないものは、戦車砲でも持ってきてこれをぶち破らないと、意識に届かない。

よくお医者さんが「自閉症の子は教えてあげれば、何でもできますよ」と言う。実感としても確かにそうだ。前にも書いたように、ぼくは知的障害はＣＰＵのトラブル、自閉症は入出力装置のトラブルと考えている。ＣＰＵはふつうに機能していそうだから、そこに情報が届けばちゃんと処理されることだろう。

でも、入出力装置がトラブっているシステムは本当に使いにくいぞ。

定型発達の子が機械学習によってどんどん賢くなる今時のＡＩだとしたら、自閉症の子は一つひとつ手作業で教えてあげないといけない前世代システムだ。これと付き合っていくのは本当に大変だし、同じポテンシャルのＣＰＵを備えていたとしても、どうしてもできることは少なくなってしまう。

だから、自閉症の子を育てるに際しては、なるべく色々なものに興味を持ってもらうように療育していくことはもちろんなのだが、早く本人の好きなことを見つけて、そのスペシャリストに育てることも大切なのだろうと思う。対人能力とか、生活能力などをある程度切り捨てても。


また、この項目には、興味の限局だけでなく、常同についても記載がある。これはたとえば、郵便ポストに投函した郵便物がちゃんとポストの中に落ちたか、10回確認しないと安心できないなどの行動で、それはぼくの話である。儀式行動にたとえられることもある。

時間のかかる儀式のある子は大変だ。バスを5回やり過ごさないと乗車できない儀式を持つ子のお母さんはとても疲れていたし、ぼくの子の場合だと食べ物を分解する儀式がある。海苔《のり》巻きせんべいは、海苔部分とせんべい部分を完全に分割しないと食べ始められないし、にぎり寿司もネタ部分とシャリ部分をきちんと分割しないと食さない。ふだん、はさみの使い方の授業でひどい点を取ってくるほど不器用なくせに、それはそれは綺麗に分割するのである。


「それ、面倒じゃないの？」

「すごく面倒」

「速くできないの？」

「無理」

「にぎりじゃなくて、丼にしない？」

「にぎり」


　こんな会話を何度繰り返したかしれない。ロールキャベツなどは見せないようにしているし、お赤飯もすべての豆を分離するのに時間がかかる。ああ、そういえば赤飯の豆は、子どもの頃ぼくもやっていた。

端で見ているといらいらするのは請け合いなのだが、本人にとっては精神安定効果もあるので、あまり邪魔をするのもかわいそうである。自分の経験も含めて書けば、自閉症の子はやはり色々不安を抱えて生きている。どうも自分の考える「正しいやり方」が、社会が期待し実装する「正しいやり方」と違うのである。そのズレはストレスになるし、不安の源泉にもなる。

自閉症の子が空恐ろしいほどぴったりとおもちゃを整理整頓することがあるが、あれも不安な世界を秩序化して安心を得る行為なのだと思う。また、自閉症の子は一度決めたルールを信じられないほど忠実に実行するので、早い段階で社会に適合する習慣や行動を儀式化してあげると（それが難しいのだが）、就学や就業にも役立つと思う。絶対に不正ができない事務担当者とかいいと思うけどなあ。まあ、融通が利かないということだけど。

自閉症スペクトラム障害は必ず幼児期にはその症状が現れる——自閉症とは（5）

「3．症状は発達早期の段階で必ず出現するが、後になって明らかになるものもある」

「4．症状は社会や職業その他の重要な機能に重大な障害を引き起こしている」

このあたりは、ダイレクトに我が子の困り事と結びつかないこともあるので、意外に意識しないところかもしれない。だが、自閉症スペクトラム障害は必ず幼児期にはその症状が現れる。

なぜこれを言いたかったかというと、最近流行っている「大人の発達障害」という言葉に敏感になっている親御さんが増えたと思うからだ。大人の発達障害は確かにあるだろう。というか、発達障害は障害なので治癒することはなく、発達障害だった子は概ね発達障害の大人になる。概ねと書いたのは、特性は消えないまでも、訓練によって「落ち着かない」や「妙な儀式をこなさないと癇癪を起こす」などの症状が、社会と折り合いをつけられる水準に緩和されるケースがあるからだ。それで、診断名が変わったり、外れたりする子はいる。

でも、定型発達の子としてすくすく育っていたのに、何かのきっかけや親の育て方の悪さで大人になっていきなり発達障害になることはない。もし、そう見える状況にあったとしたら、何か別の病気や障害か、あるいはもともと発達障害で社会への適応力が乏しかったものの、子どものうちはまわりの視線が優しいのでなんとか普通教育の枠内でやり過ごしてこられたかのいずれかだろう。大人になっていよいよ社会への適応の悪さが誰の目にも明らかになるのである。

だから、「自分たちの育て方の悪さで、もともと定型発達だった子を発達障害にしてしまった」などと悩まないほうがいい。そのパターンはない。仮に親戚や友人にそんなことを言われたら、さくっと無視して精神の安定を保とう。特に親戚は良かれと思って無責任なことをポンポン言いがちである。

もし良くないことがあるとしたら、親が無関心で子どもが社会への不適応に苦しんでいるのに気づかないか、不適応の事実が見えているのにもかかわらず受け入れられなくて子どもや家族が我慢の臨界点を超えるまで定型発達として振る舞ってしまうケースである。子どもはその間つらい思いをしているし、障害を受け入れつつ社会に適応する練習は早めに始めたほうが効果が高いので、障害の事実に気がついたらどこかではそれを受容していく必要がある。

社会と関わらなければ、特に困らず過ごせる自閉症の子もいる——自閉症とは（6）

もっとも、劇的な回避策があるにはあって、それが「4．症状は社会や職業その他の重要な機能に重大な障害を引き起こしている」の部分である。

自閉症は入出力装置の障害だと何回も繰り返してきた。自閉症で最も困るのは、自分と世間一般の感じ方・見え方・捉え方がかけ離れているので、社会の中で面倒くさい異物だと思われる点である。

言葉を換えれば、社会と関わらなければ、特に困ったことがなく過ごせてしまう自閉症の子もいるのである。変な儀式を持っていても、人と違うポイントで笑ったり興奮したりしても、他者との共感能力に乏しくても、1人で生きている分には痛痒を感じない。

本居宣長《もとおりのりなが》が自閉症的な症状をすでに把握していて、彼らは職人として能力を発揮するのだと記していたとする文献に触れたことがあるが、その真偽はともかくとして、たとえば昔気質の職人としてあまり人と関わらずに生きていけるのであれば、自閉症が障害ではなくなる可能性がある。自閉症は単体では成立しないのだ。ここまで述べてきた何らかの特性があって、それによってどうしても社会とうまく関われない、学業・職業に就くことが困難であるその状態が自閉症なのである。

だから、一般論としてとても濃い自閉症の子、たとえば2時間ほどの儀式をしないと食事が始められないとか、人の言葉を額面通りに受け取ってしまって日常生活で必ず接する修辞術がまったく使えないとかいう症状を持っていたとしても、大金持ちでまったく社会と接する必要なく生きていけるのであれば、その子は自閉症ではないかもしれない。

ただ、社会構造の変化で、世の中ではますますコミュニケーション能力が重要視される傾向が強まっているし、日本は人に同質化・均一性を要求する国なので（多様性、ダイバシティの必要性が説かれており、就職説明会などでもいかにそれを重視しているかが力説されるが、企業が実際に欲しがっているのはいまだに枠からはみ出したり、上長に逆らったりしない、いい子なので、その二律背反に定型発達の学生たちも苦労するほどだ）、自閉症には厳しい環境であると考えたほうがいいだろう。いっそ、「ちょっと変わったことをする子」に対する受容度・許容度が高い国・社会に移住すれば、その子は自閉症とは認識されなくなるかもしれない。

ぼくの分野でいうリスク回避というやつで、社会と自分の関係に障害があり、自分が変わる度合いに限界があるならば社会のほうを変えてしまえ、と発想するわけである。副作用も大きいというか、行った先で別のリスクが増大するかもしれないし、誰でも実行できる解決策ではないが、考え方としては成立する。

後は本人の認識の問題もある。たとえばぼくの子は明らかに学校で先生やクラスの子たちとうまくやれていないのだが、本人がそのギャップをなんとも思っていないので、学校に行くときはいつもにこにこしている。いずれ何らかの形でトラブルが表面化していくだろうが、少なくとも今の段階ではぼくより人生を楽しんでいることは請け合いである。そういうふうに「障害」の状態を回避している子も、実はけっこういる。

カナー型の自閉症——様々な自閉症（1）

一口に自閉症といっても、色々なタイプがある。

特に障害を自覚して初期の段階では、我が子がどの類型に属するのだろうか、将来どこまで能力値が伸び、どの程度社会に関われるのだろうかといった事柄は重大な関心事であり、書籍などで示される類型に子どもを当てはめて一喜一憂することも多いと思う。

ものの本（しかもちょっと古めのやつ）を読むとよく出てくるのは、カナー型とアスペルガーだが、これはざっくりしすぎていて、あまり実用的ではないと思う。

カナーは人の名前で、研究者であり医師であった人だ。初期の自閉症研究に多大な功績があった。自閉症（autism）と名づけたのも彼である。ただ、この障害を表すのに「自閉」という言葉が適切かどうかについては、私も含めて「どうだろう?」と思っている人がたくさんいて、カナーも後年になって「違う名称がよかった」と悔やんでいたとする文献もある。

　そこにつけられたラベル・レッテルが全体のイメージに及ぼす影響は絶大なので、確かにもうちょっと考えてくれたらよかったのにとは思う。でも、本人もこんなに巷間《こうかん》に膾炙《かいしゃ》する言葉になるとは思わなかっただろうし、仕方のないところではある。ぼくらの業界だって、1年もてば十分だと思っていたシステムが30年使われて、２０００年問題などを引き起こすことはままある。

　カナーはたぶんご本人もだいぶ頑固な人で、それが自閉症の研究を進めることにもなったし、阻害したり認識を歪めたりすることもあったと思う。まあ、それはともかくとして、カナー型の自閉症というのは障害を自閉と知的障害の二軸で捉え、そのどちらもが重めの子を分類したものである。狭義の自閉症とか、古典的自閉症とも呼ばれる。昔は自閉症といえば、この群の子たちを指したのだ。

　近年、自閉症の軽症化、大量化が進む中で、自閉症の意味合いがかなりライトになってきているが、会話の齟齬《そご》などをなくすためには、自閉症をどの意味で使っているか、合意を得ておくことは重要だと思う。

その後、知的障害がない（ＩＱ70以上）子であっても、自閉的症状で困っていることが多々あるぞとわかってきたので、ここから派生して自閉度重め、知的障害なしのグループを高機能自閉症と呼ぶようになった。

また、自閉度が軽いケースは（診断基準上、自閉と呼べないので）広汎性発達障害とくくり、その中でも知的障害がないと高機能広汎性発達障害になったのである。

アスペルガー症候群――様々な自閉症（2）

アスペルガーは、このくくりとはやや位相を異にしている。言語の発達を軸に加えているのだ。言語的な遅れがない自閉症をアスペルガー症候群と呼ぶ。知的な能力が高ければ、概ね言語能力も高い傾向にあるので、アスペルガー症候群と高機能自閉症を同じものと捉える文献もある。

でも、生活実感だとＩＱが低くて簡単な四則演算もできないけれど、ぺらぺら日常会話ができる子や、ものすごい記憶力を持っているけれども（記憶力は知的能力の重要な一要素だ）言葉が出にくい子にはまま遭遇するので、アスペルガー症候群を分別することには意味があったのかなと思う。

実際、自閉の度合いや知的能力の度合いよりも、言葉がちゃんと出ているか、そうでないかは本人や家族の生活に大きな影響を及ぼすことがある。たとえば、定型発達の子が集まる場所に行って人間扱いしてもらえるかどうかは、言葉がどのくらい出るかにかかっていることが多い。だから、今はなくなってしまった分類だけれども、我が子がアスペルガーかそうでないかを保護者や家族が気にするのは当たり前だと思う。

アスペルガー症候群は歴史的にもその位置づけが二転三転した。まずこの症状を発見したアスペルガーの書いた論文がドイツ語で、あんまり読んでもらえなかったのだ。業績を英語で発信しておくことって、やはり重要なのだなと思う。大して違わない時期に同じような症状を研究して名声を博していたカナーとは天地の開きがある。アスペルガーの業績がもう少し早く世に知られていたら、自閉症の印象はもっと違ったものになっていたかもしれない。

埋もれそうだったアスペルガーの業績を発掘して広めたのは、イギリスのローナ・ウィングで、アスペルガー症候群という名前もこのときつけられた。ウィングの３つ組という言葉を目にしたことはないだろうか。自閉症診断の根幹になっている社会性・コミュニケーション・想像力の障害の3点のことを言っていて、これもウィングの業績だ。

すでに本書でも述べたように、アスペルガーの考え方は診断基準（DSM-Ⅳ）でも採用されたが、これらをきりきり分けることにあまり意味はなく、すべての症状は連続体（スペクトラム）としてつながっているという考え方がとられて、現在の診断基準（DSM-5）では記述が削除されている。

なお、アスペルガー症候群は、「言語の発達に遅れがない」という表現がとられるが、これは定型発達の子と同等の言語能力を保証する意味ではない。やはり、ちょっとヘンではあるのだ。たとえば、自閉症の子は厳密な定義や厳密な分類に執着することが多いが、会話でも意味の厳密さを優先させるのか、ここでそれはないでしょうという表現を多用する子などがいる。

療育の教室に行って、「本日は日の出前から快晴の空が広がっていて、これが開雲見日《かいうんけんじつ》というものでしょうか」などと挨拶されると、おお言語能力の高い子だと感激するけど、じゃあクラスの中でふつうに振る舞えるかというと、ちょっと成功している様は想像しにくい。

表1　大島分類表

IQ	はしれる	あるける	歩行障害	すわれる	ねたきり
80–70	21	22	23	24	25
70–50	20	13	14	15	16
50–35	19	12	7	8	9
35–20	18	11	6	3	4
20–0	17	10	5	2	1

出典：大島一良「重症心身障害の基本的問題」『公衆衛生』35（11）, 1971, p.650

我が子の立ち位置を求めたいならば、カナーとかアスペルガーよりも、大島分類表のほうが使いやすいかもしれない（表1）。この表は1から4が重症者、5から16が周辺者というふうに読む（元の論文が重度心身障害をテーマにしているので、重症者にフォーカスが当たった書き方になっている）。数値はグループを表しているだけで、値が大きいほど軽症なわけではないからちょっと注意が必要である。言語の能力が換算されていないのだが、就学時にどのくらいの手当をしなければならないかとか、医療への出費がどのくらいになりそうだとか、主に親の覚悟を後押しするのに役立つ。

後は、これもウィングが提唱した分類方法だが、行動特性によって自閉症を4つ（4番目を落として、3分類にすることも多い）のグループに分けることがある。

1．孤立型
2．受動型
3．積極奇異型
4．形式的で大げさな型

これも、自分の子どもの特性を理解し、今あるいは近い将来にどのような困難に直面しそうか、ならばどのような能力を伸ばす必要があり、どのような環境を整える必要があるのか、といった理解や準備に役立つ。

1の孤立型はともすれば、おとなしくていい子で通ってしまうので、本人が手助けを必要としていても、まわりの大人がそれに気づかないことがある。

2の受動型は比較的周囲に愛してもらいやすく、療育センターなどでも穏やかに過ごせるのだが、一方で悪意を持った誘いに気づかなかったり簡単に受容してしまったりするので、大人になった後もだまされないかが心配である。

3の積極奇異型は名前の通り、奇異なことをするのである。どんな奇異さ加減かは人によってまったく異なるが、一日中、川に石を投げ続けてもまったく飽きなかったり（周囲の大人は飽き飽きだ）、映画を見て気に入ったセリフを1か月間反復したりしている。もちろん、ぼくの子のことだ。

一度お医者さんに「3分類の中では、一番知能が高いといわれていますよ。良かったですね、あっはっは」と励まされた（?）ことがあるが、決して断じて絶対にそんなにいいものではない。何か変わったことをしでかす度に、幼稚園や学校に呼び出されるコストを想像してみて欲しい。


でも、これはたぶん遺伝するのだ。何よりもまずぼく自身が積極奇異型で、全然運動など得意でないくせに、レーシングカートが大好きで2度死にかけたことがあるし（車載カメラが空を写したときの、ドライバーの死亡率はそれなりに高い）、決断力も判断力も乏しいくせにウルトラライトプレーンやモーターパラグライダーといったスカイスポーツに手を出し、高速道路に不時着しそうになって死にかけたこともある。スキューバダイビングは、そのために小型船舶1級の免許を取得するほど好きだが、注意深くないので酸素ボンベのバルブを開けずに海にエントリーしたことがある。バディがいなかったらまずいことになっていた。

家族の中では随一の甘党なので、明らかに女子会しかやっていないと思われるスイーツブッフェに1人でよく出かけていって奇異な目で見られるが、あんまり気にならない。でも、きっといつか通報されるのだろう。

いずれにしろ、一口に自閉症といっても様々な表出の仕方があるので、まずは我が子の個性を知ることが重要である。また、周囲にもそれを伝えていったほうがいい。自閉症が「鬱《ふさ》ぎ込みがち、閉じこもりがちな子」だと思っている人はまだまだ多い。

そういう人に、受動型のおおらかでにこにこした感じの子や、積極奇異型の知らない人にもやたらと話しかけ、一方的に1時間ほどしゃべり続ける子などを見せたときの反応はなかなか面白い。嫌がられるかもしれないけれど、そういうプロセスの積み重ねで、少しずつ社会に障害の認知が広がっていくのだと思う。

2　我が子の発達障害に気づいたとき

早くもなく遅くもなく……

いつ、どんなときに発達障害を意識したかは、今まさに我が子の問題に直面している親御さんにとって重要だと思う。

結論からいうと、ぼくが自分の子の発達障害に気づくのは早くもなく遅くもなくといったところだった。

ぼくの子は双子だ。親が教員、子どもが双子、そのうちの1人が障害持ちというのは、ある学生の卒業論文によればミステリで真っ先に殺されるか、もしくは真犯人である確率が非常に高いポジションである。それはともかくとして、双子ゆえに、生まれる前からかなり手厚い管理下に置かれていた。ICUのある大学病院（前も出てきたJ医大附属病院）で、周産期前から週に1度は検査を繰り返していたし、羊水検査もやった。生まれる何週間も前から入院し、生まれた後も、まるで保育園に通うように母子センターに通っていた。

だから、きっと油断があったのだろう。これだけ病院通いをしているのだから、仮に何か疾病があったとしても（実際、多胎児は単胎児に比べて各種リスクが高い）、早期に発見できるものだとの思い込みがあったと思う。

今、思い返してみれば、それらしい兆候はあったと思うのだ。いつまでもハイハイのままで、なかなか立たないなあとか、やっと立ったと思ったら妙なつま先立ちをしているなあとか、他の子はそろそろしゃべり出しているのに喃語すら出てこないなあとか。

そんなに予兆があるなら気づこうよ、と指摘されると一言もないが、悪条件もあるにはあった。あらゆる点でベンチマークになるであろう双子の姉が、異様にゆっくりさんだったのだ。

他の子たちと比べると、明らかに色々な面で遅れていても、「姉と比べると、まぁ……だいたい一緒だよなあ」となる。まさか２人とも障害があったりするわけじゃないだろうし、と油断したのだ。実際、姉のほうは、現時点でキレッキレの定型発達児であるが、この子がくせ者だったのだ。

おじさんが苦手で（おじさんに失礼な話である。なお、まごうことなき汚いおっさんである父にはべったりの娘だった。過去形である点に哀しさが浮き彫りになる）、通りの角からおじさんが出現したのにびっくりして悲鳴を上げ、くるりと向きを変えて車道へと全力疾走するような２歳児だったし（何回死にかけたかわからない）、気に入らないことがあると梃《て》子《こ》でも動かなくなる頑固者で、微動だにしないまま2時間でも3時間でも粘れる恐るべき意思力を持った子だった。あまりにも動かないので、その場で粗相をしたこともあるが、それでも自分の意見が汲まれるまでその場で粘り続けた。

食事にもこだわりがあって、2時間もかけて食べ続け（これは今でもあんまり変わらない）、かつよく吐くので、2時間も食事を見守ったのち、さらに（揺らすと吐くので）ぴたりと体幹を固定させたまま消化が終わるまで抱っこし続けなければならなかった。手強い相手である。

ぼく自身が引きこもり体質で苦労したので、〈外に出られる子になったらいいな〉と思って2歳になる手前からプレスクールに通わせてみたのだが、あらゆるプレスクールで何度クビになったかわからない。近所の幼稚園を受けに行ってもお祈りハガキの山である。自分も何回か学校を退学しているが、子どもが退学（退園？）になるほうがずっとこたえる。あるお受験系のプレスクールではじめて合格通知をもらい（受験なんて全然向いてない子なのに、そこしか合格にしてもらえなかったのだ）、何か月かちゃんと通えたときはどれだけ嬉しかったかしれない。

実際、弟の発達障害が確定的になったとき、〈こっちも絶対そうだろう〉と考えてしばらく療育施設に一緒に通っていたこともある。診断書持ちの発達障害児よりも怖がりで、頑固で、完璧主義で、人前に出るのが難しかった。
片腕で子どもを抱き、もう片腕でスマホのぽちぽちゲーを十全にプレイできる能力はこの子に鍛えられた。それまでぼくはヘビーゲーマーとしてぽちぽちゲーを軽んじていたが、子育て時にあんなに役に立つゲームはない。

そんな姉が比較の対象だったので、肝心の弟の発達障害は隠蔽《いんぺい》されてしまったのだ。だって、ぱっと見は姉のほうがよっぽど発達障害っぽく見えるのだ。弟のほうは、ときどき癇癪を起こしたり、こだわりが強かったりするものの、基本的には物静かで、あまり手のかからない子だったのである。風にそよぐ木の葉と、うつろう木漏れ日に何時間でも見入って、じっとしている姿を今でも思い出す。まあ、確かにおかしいよね。

もう一つの悪条件は、母子センターの先生だ。この人は口癖なのではないかと思うほど、「まあ、双子の発達はゆっくりだからね〜」と繰り返した。お医者さんにそう言われたら、無理に自分の子が障害児だなんて思いたくないのが親心ではないか。色々「あれっ？」と思うことがあっても、結局このお医者さんの言葉が頭にあって、他に受診に行く発想と行動が遅れたとは思う。他の専門家（同じ病院の臨床心理士だ）が、「こりゃ本物だ」と断定した後も、「うーん、双子の発達はゆっくりですよ?・」と最後まで言っていた。

……控えめに言ってもさ、藪じゃない?

先生には、もうちょっと親の話を聞いてもらいたい

障害を告知するとき、告知者のタイプは概ね二分される。というか、二分にしかなりようがない。すなわち、がりっと「障害ですね、覚悟してください」と言うか、「えーーーーーーーーーっっっと。もうちょっと、様子を見てみましょうか。まだ（能力が）伸びるかもしれないし」と引き延ばし、患者側に察するように誘導するかだ。

ちなみに、ぼくも仕事で同じような選択を迫られることがある。「こりゃもうお手上げだよ。今年の卒業は無理だから、来年に向けて努力しようよ」と一撃でいくか、「う〜〜〜〜〜〜〜〜〜ん、他の講義の成績の出方次第ではまだ可能性がある段階にいることもなきにしもあらずな気がする気配もあるかもしれず……」などと、気づいてくれオーラを出すかである。

もちろん話の重たさの度合いは違うのだが、決して疎《おろそ》かにはできない。場合によってはその学生が卒業する／しないの選択に直結してしまうので、こちらも必死だ。前者のほうが時間効率はいいのだが、それも時と場合や単位を落とした理由による。メンタルが弱っている学生には迂遠《うえん》なようでも後者でいかないと、そのまま学校に来なくなってしまうこともある。なので、「お前はどうなのだ」と問われれば、人と状況によって使い分けていると答える。

病院の先生の場合は、シチュエーションよりは、先生の個性でどちらかに決めている場合が多いのだそうだ。ぼくが告知されたときは、「あー、障害ですね」とばっさり斬られた。引き延ばされるよりはそちらのほうがいいとは思うのだが、あまり良い想い出としては記憶していない。

そもそも主治医の先生が後者タイプだったので、さすがにしびれを切らして発達検査を受けたのである。同じJ医大附属病院でだ。で、担当の臨床心理士さんに、「あーーーーー、これは障害児と遜色ないですねえ」と言われた。

……なんていうか、もうちょっと言い方はないのか。っていうか、その「遜色」の使い方は誤用ではないのか。

もちろん、業務でやっていることであれば、忙しいし、いちいち患者の気持ちになど寄り添っていたら、時間も足りなくなるし、精神ももたない。でも、プロとして、寄り添うふりくらいはしたほうがいいと思うぞ。

まあ、この臨床心理士さんは、たぶんばっさりいくのが親切だと考えているのだろう。そういう方針でやっているのだとは感じた。しかし、

「えっと、障害があるっていうことは、これから通う幼稚園や小学校も、普通級とは変わってくるということでしょうか？（そうなら準備しないとな）」

と聞いたら、

「ああーーーーっっっ、いるのよねえ、そういう親!!　どうしても普通級に入れたいって考える親！　あのね？　ふつうに混ぜることが幸せとは限らないのよ??　普通級がいいわけでもないの！」

そんなこと言ってないし。たまたま進学を考える時期だから、普通級と支援級のどっちを見学に行けばいいんだ？　っていう指針が欲しくて聞いてるんだし。なんで、そう決めつけ

るのかなあ（でも、この後幼稚園や役所などでも「障害児の親はこうだから」という決めつけには大量に遭遇したので、この人が特殊なのではないかもしれない。みんなこちらが何か言う前から、「こういうこと言い出すんでしょ？」って言ってくるのである。けっこう迷惑でめんどくさい）。

ひょっとしたら（そんなことないと思うけど）１００人が１００人同じことを言うから、聞いてるのが嫌になっちゃったのかもしれないけど、１０１人目は違う話をするかもって態度で人の話は聞こうよ（特に臨床心理士なら）。

で、なんだか説教モードに入ったらしく、ぼくの子がいかにダメか、障害児の親がいかに定型発達の親とは違った心構えで生活しなければならないかについて、かなり長時間にわたってご講義いただくことになった。そして最後に「大丈夫。希望はあるわ。頑張りなさい」と、今までと１８０度異なる発言と極上の笑顔で送り出してくれた。

確かに最後の印象づけでクレームって減るっていうもんね！　大学の初級心理学で習った！　この人、臨床心理士だしね。

取り敢えず、この人の名前は一生覚えておこうかな、って思った夏の日の午後でした。

どうする？　セカンドオピニオン

セカンドオピニオンというのは、なかなか難しいものである。

誰しも間違える。

それが医師だろうが、教員だろうが。当たり前のことである。

だからクライアントや質問者は、「こいつの言っていることは本当だろうか？」と第二、第三の意見を求めに行く。当然のことであるし、自然なことである。専門家だの有識者だのいわれている人たちの意見を、無批判に真に受ける必要はない。むしろ、批評的な態度で受け止め、多数の意見を比較考量するのが知的な態度だろう。

しかし、セカンドオピニオンを求めに行く人の背中を見送る立場に立つと、胸中複雑なものがあるのもまた事実である。ぼくも教員なので、そういう場面には頻繁に遭遇する。

まあ、学生さんに安心感を持たせられない自分の講義が未熟なんだけどね！　重要事項なんかはもっと有名な先生に聞きに行きたくなるよね！　うん、それって学生さんの大事な権利。でも、できればこっそりやって欲しいぞ。

特に講義内で数値データの複雑なやつなどに触れると、「この老人の記憶力は確かなのだろうか。どうせノートを取るのならば正しいデータを取得しなければ」といっせいにウィキペディアにアクセスされ、齟齬《そご》があるとこれもいっせいに「間違えてやがるwww」とツイッターに草が生えるのは、微笑ましすぎて、もやっとする。

それ、ウィキのほうが間違ってるよって言っても、老人の言うことに説得力はないしね！

……いきおいに任せて、脱線した。何が言いたかったかといえば、セカンドオピニオンはやったほうがいい。繰り返しになるが、多くの情報を収集して比較するのは、問題に直面している人が持っている大事な権利である。

発達障害の診断と改善のための努力は、いまだ発展途上にある取り組みで、医療機関の人、療育機関の人の語る言葉に、まだばらつきがある。自分の子にあう話、あわない話、受け入れられる話、受け入れられない話、色々ある。

子どもや家庭にとって最善の道を見つけるために、できるだけたくさんの話を聞いておこう。ただし、おおっぴらにやる必要はない。どんな先生だって、「うーん、やっぱり他の先生の診断も受けますね」と言われて、心から嬉しい人はいない。患者の正当な権利だとわかっていても、それを啓蒙《けいもう》していく立場でも、なんとなく自分の知見や技能を否定された気分になってしょんぼりするものなのである。

何もひた隠しにする必要はない。いちいち「この人はまさかセカンドオピニオンに行っていないだろうな」などと確認して回るほど暇な先生はいない。黙っておくだけで十分だ。

たまに「隠しておくのは良くない」と、何もかもつまびらかにする人がいるのだが、そのときは「今の恋人に、昔の恋人の話を聞かれたとして、全部教える馬鹿はいない」という、あの警句を思い出して欲しい。

ぼくも、日本の最高学府である、えーと、T大と呼ばれる匿名の大学で診察を受けたときに、えらい目にあったことがある。

「どこかで以前に診察を受けたことがありますか？」
「はい、J医大附属です」
「なるほど。街の病院ですね」
「……えーっと、大学病院ですが」
「街の病院ですね」

プライド、高いのだ。

こんなこともあった。

「あなたも大学の人ですか。この領域の論文などお読みになりましたか」

「わからないながら、何本か読んでみました」

「ほう、どの先生の？」

「〇〇先生です」

「あの学派はいかん!!」

（げっ！）

この学派問題というのは、本当に地雷なのだ。ぼくは課外活動ばかりやっている研究者だが、さすがに自分の分野であれば、誰が誰の派閥で……くらいの知識は持っている。しかし、医療分野の学派なんて知らんのだ。このときは、確実に地雷の信管の中央を踏み抜いてしまった！

大演説を聞き終わったときにはへとへとになり、顔をあわせる度に嫌みを言われるようになってしまった。もー、頂点にいる人なんだからさ、もっと鷹揚に構えておきなよー。

ただ、ドクターショッピングはあまりやらないほうがいい。お金ばかりかかるし、結局は口当たりのいいことを言ってくれる先生のところで引っかかる。医療関係の人だとさすがに少ないが、民間療育だと（もちろん、いい人がほとんどであることは前提だが）そんなはずないだろ！　と思わず突っ込まずにはいられないほどの子どもへの評価と薔薇《ばら》色のビジョンを示して、リピーターを獲得しようとする機関がある。

障害児の親なんて、どこに行っても否定される経験ばかりなので、暗黒神殿の中に垂らされた蜘蛛《くも》の糸のように、わかっちゃいるけどすがってしまうのだ。でも、実態とかけ離れた認識に基づく療育にメリットはない。

医療機関・療育機関のご利用はどうぞ計画的に。

療育はどんな感じで進むのか？

療育については謎の部分が多いと思うので（ぼくなんか不勉強なので、診断が下りるまで言葉すら知らなかった）、どんな感じで進むのか少しだけ書いておこうと思う。

時系列で示すと、1歳児健診とか3歳児健診でスクリーニングされて、「公の施設などに行かれてはいかがですか」といった言い回しで、やんわりと療育施設に行くことを促される。あまり症状が重くないケースでは、このスクリーニングには引っかからず、未就学児向けの習い事、リトミックとかお受験とか、その辺のクラスで同様のコースを辿る場合もある。

このスクリーニングの瞬間がけっこうキツいという人が多くて、リストラの肩たたきにも似て、「ああ、もうこの場所にはいられないのか」としょんぼりすることもある。

前述のように、このとき、医師や看護師さんがとても遠回しに伝えようとするので、発達障害だと言われているのになかなか気づかなかったパターンと、ちゃんと伝えようとするあまりか、とても断定的に、割とひどいこと言われて傷ついてケースワーカーさんなどに慰められたりするパターンに二極化しているように思う。

ぼくの場合は、大学病院の臨床心理士さんが口を極めて、発達障害の親と子がいかにダメなのかについて力説してくれたので、勘違いして先延ばしにする余地はなかった。その意味では感謝しているが、もうちょっと言い方があるだろうとも思ったので、その人の名前は今でも「人生の中で腹が立った人リスト」の上位のほうに載せてある。

療育といっても色々で、特に民間の場合は方法論・通所形態・療育時間などバリエーションに富んでいるし、費用もお値打ち価格から青天井までとんでもない開きがある。

これが公になると、（自治体ごとにオペレーションするので、差はあるが）ざっくりと学齢児・未就学児で制度が分かれ、未就学児では通所が基本かなあと思う。ちょっと負担の軽い幼稚園といった体の施設である。あ、軽いというのは子どもの負担の意味である。幼稚園と違って、療育のプログラムは（特に子どもの年齢が低いうちは）親が付き添うのが基本なので、親の負担はとても大きい。あれは疲れる。いい運動にはなるけど。

おうちに何人も子どもがいる場合は無理をしないで、親戚や行政の手を借りたほうがいいと思う。障害のある子＋障害のある子の組み合わせはいわずもがなだし、障害のある子＋定型発達の子の組み合わせも、行く場所や参加するプログラムがいちいち異なるので、それはそれで高負担である。

施設に毎日通う形態をベースラインとして、症状が軽めの子であれば週1とか月1しか通わない形態もあるし、もう少し重めの子であれば自宅に先生が来てくれたり、施設の中でも別クラスになったり、医療的な措置が必要な複合障害だったりするとそもそも通う施設が別になったりする。

ぼくの子の場合は、療育施設に毎日通所という、標準のど真ん中（というのも変な話だが）なポジションだった。これは今でもずっと変わらない。たとえば、幼稚園に行く年齢になると、「だいぶ発達が進んだので、通常の幼稚園に週何日か混ざってみましょうか」とか、「うまく混ざれたので、幼稚園に転園しましょうか」といった子も出てくるし、反対にだんだんプログラムが進んでいくので、ちょっとついていくのがつらくなってきて、「重い子さんクラスに移りましょうか」と促されることもある。

ぼくの子はどちらに遭遇することもなく、たんたんと療育施設とか、自閉症児クラスの真ん中辺にい続けている。自閉スペクトラムの子は概ね変化が苦手なので、安定した環境で有り難いなあと思いつつ、障害児教育だとどうしても社会や理科の教育は省かれる傾向にあるので、そこは残念に思う。

自閉スペクトラムだと、ものすごく理科に興味を示す子もいるし、生活自立のために社会って重要では？　とも思うので、そういう機会を作ることができなかった自分の力不足は痛感じている。ぼくの子、歴史好きなのにさ。

意外にふつうな療育施設のプログラム

で、この療育施設のプログラムだが、何かすごく特殊なことをするわけではない。ふつうに幼稚園でやりそうなことをやっている。

言葉の指示が通らない子が多いので、絵カードが充実していたり、ノイズ情報が多いと混乱するので、環境の構造化というか、今すべき活動と関係のないアイテムが極力省かれて、すっきりした部屋になっていたりといった工夫がなされている程度である。

後は、子ども同士のコミュニケーションが通りにくいので、幼稚園だったら子どものペアを作るであろう箇所で親や先生が出張ってくる。意外とくたくたになるので、その点は留意されたい。

これから通所をするので不安だなあ、という方は、特にかしこまる必要はない。一方で、何か特別な訓練・教育を受けられると考えていると、肩すかしをくらうかもしれない。

実際、特別支援教育でやっているメニューは、たいてい定型発達の子にも効く。「あー、それ定型の子にもやったら色々学びがあるだろうなあ」という内容である。コスト（主にマンパワー）の関係でやらないだけである。

教育の中ではS／T比（教員１人あたり学生数）はとても重要な数値で、先生１人あたりの学生数はたいていの場合、少ないほどよい。でも、それではお金ばっかりかかるから、どこかでバランスポイントを探るのである。特別支援教育では母集団が少ないこともあり、ある意味採算を度外視してS／T比を向上させる。

少しでも療育が進んで、将来社会に参加できるようになれば、保護される側から税金を支払う側に回れるという事情もある。

仮に肩すかしをくらったとしても、医療機関や教育機関などの判断で通所を始めた場合は、少なくとも一定期間は通っておくとよいと思う。先にも述べたが、少人数で先生に見てもらえるメリットは圧倒的で、ほとんどの子が能力を伸長させる。

そう、障害のある子でも能力は伸長する。もちろん、定型発達の子と比べるとその伸び幅は小さく留まるが、ちゃんと我が子の成長は実感できるし、嬉しい。機会があれば療育は受けておくべきだと思う。

ある程度能力が伸長すると、それが言語であれ非言語であれ、周囲の友だちと関わりを持てるようになってくる。この状態に至れると、いいサイクルに乗れる可能性が高まる。

自閉スペクトラムの子は周囲にあまり興味がないことが多いし、それはそれで人生だよなとも思うのだが、先生の言っていることに何の興味もわかないとか、自分の身の安全に無頓着であるとかは困るので、どうにか興味を持ってもらおうとする。

このプロセスを「壁にドリルで穴を開けているかのようだ」と表現した先生がいたが、本当にその通りである。刺激して興味を持ってもらうのにすごく骨が折れるし、大変なのだ。友だち、とまではいかないにしても、周囲と関わりが持てるようになると、お互いがお互いの刺激因子になるので、親や先生ばかりがこの役目を負わなくてよくなる。これは大きいと思う。

ちなみに、療育施設には自閉スペクトラムの子ばかりが集まっているわけではない。今は圧倒的に自閉圏の子が多いけれど、ＡＤＨＤの子もＬＤの子もいる。

それぞれが１クラスを形成するほどには人材が充実していないので、多くの療育施設ではみんなが混ざってクラスを作っている。

床のタイルを睨《にら》んだまま、半日ぴくりとも動かない自閉の子と、１秒もじっとしていない多動の子が同じクラスで学んでいる様は壮観である。ぼくは正直言って、参加して楽しかった。

それぞれの障害にはそれぞれに応じた療育方法があるから、これを迂遠《うえん》だと思うこともできるけれど、異なる障害種の子と触れ合うことで得られる学びも確実にある。

ぼくの子は、木漏れ日が風にゆらぐ様子を見るのが大好きで、一日中眺めていた。それだけだと雅《みやび》にすら聞こえるが、何せ自閉スペクトラムの子である。その好きさ加減が過剰で、「これは下手をすると寝たきり青年に育つ」と危惧するほどだった。

それが、仲良くなった多動の子の影響で、ジャングルジムに登ったり、禁止されている塀に登ったり、先生の背中に登ったりするようになった。「活発すぎて困りますね」なんて怒られる経験をさせてもらえたのは、あの多動の子のおかげである。

ＡＢＡは効きますか？

ＡＢＡについて聞かれることが多いので、ちょっと書き留めておこうと思う。

ＡＢＡ（Applied Behavior Analysis：応用行動分析）は、様々な分野で使われる手法だが、自閉スペクトラムの子に適用する場合は、問題行動の是正が目的となる。

しっかりしたエビデンスがある療育手法と紹介されることもあるが、TEACCH（自閉症やコミュニケーションに困難を抱える子ども向けのケアと教育の手法：すっきりした空間を作りその場で何をすればいいかを一目瞭然にしたり、予定を立てるのに絵カードなどを使ったりする構造化手法が有名）なんかもエビデンスはあるよなあ、とも思う。ぼくの知見は極めて局所的な体験か、論文ベースでしかないので、正直なところ手法としての優劣はよくわからない。

効くか効かないかでいったら、ぼくの子には圧倒的に効いたが、療育も教育も「その子に向いた手法」が確実にあって、個人差がとても大きい。

たとえば、ぼくが「インターネットについて知るなら、まずはプロトコルの話からだよな」と確信していたとして、その教え方が強烈に効く子もいるし、いきなりプロトコルの話をされて、嫌になってしまう子もいる。

ＡＢＡも、「ぼくの子には効いたけど、他でも効果があるかは人によると思います」が誠実な回答だろうと思う。

ＡＢＡの専門的な本は星の数ほど出ているから、詳細で正確な説明はそちらに譲るとして、あれは人間を関数として捉えているのだと思う。

入力に対して、出力が得られるから、人間は確かに関数ではある。

お寿司に何をつけますか？（入力）→人間（関数）→そうですね、お酢がいいです。（出力）

人間は複雑なので、表計算ソフトのＳＵＭ関数やＲＯＵＮＤ関数のように、容易に出力が予想できるものではない。ただ、社会生活を送る上で、ある程度の範囲に出力が収まっていないと、面倒なことになる。

この例でいえば、お寿司にお酢をつけるのは、ダメとは言わないけれども、まわりの人に奇妙なくだものでも見るかのような目で注目されるのは目に見えている。

ＡＢＡはこの出力をいじる。

「お酢」って答えたら、お寿司が食べられないけれども、期待される答えである「お醤油」と回答すると、お寿司が食べられる。こうした学習を積み重ねていくことによって、「望ましい行動」を徐々に選択できるようになっていく。

このとき、望ましい行動を増やしていくことを強化、望ましくない行動を減らしていくことを弱化と呼ぶ。

ここでは強化子（後述）を仮にお寿司にしているけれど、ＡＢＡを受ける本人がお寿司が好きでなければ効果がないので、「この子には、何が強化子として効くのだろう」と色々探るのも楽しい。別に食べ物でなくても、「褒める」とか「くすぐる」が強化子になるケースもある。

このやり方には批判もある。条件づけといえばそれまでだ。右の例でいうと、望ましい行動ができればお寿司（強化刺激 reinforcer：「正の強化子」や、単に「強化子」ともいう。ごほうびのこと）が食べられるが、望ましい行動ができなかった場合にはお寿司を食べることができない（嫌悪刺激 punisher：「負の強化子」ともいう）のでかわいそうだ。動物の調教のようだと言う人もいる。

字面だけ捉えると確かにそうなのだが（というか、そういう印象を持たれるように食べ物の例をあげたが）、ＡＢＡの現場は実際にはすごく楽しい。

訓練を受けた先生は、そもそも子どもに失敗させない。挫折はときとして強烈にその子の成長を促すことがあるが、定型発達の子でさえ使いどころを間違えると悪影響のほうが大きい。まして、発達障害がある子に、敢えて挫折させる教育・療育方法は向かないと思う。

ＡＢＡは嫌悪刺激によってその子の行動を変えていくのではなく、成功体験を積ませることにその本質があると思う。

先の例でいえば、療育を受けている子が「お酢」などと言いそうになってしまったら、「うっひょぅ〜〜〜、お寿司にはお醤油だよなあ。わはははは！」などと言いつつ、お寿司に醤油をだぼだぼかけて、「こういうときに、期待される行動は醤油なんだ」と気づかせる。

「うまくお醤油を選べたね！　じゃあ、一緒に食べようか！」などと、別にうまく選べたわけでもないのに、強引に成功させてしまって、成功体験を蓄積する。あれ、一緒に見てるだけでも、なんだか楽しいよ。

もちろん、それればかりだといつまでも他者のサポートが必要になってしまうので、徐々に介入の頻度と強度は減らしていく。そのうち、介入されなくても、正しい（社会的に望ましいとされる）行動を選択できるようになる。

個人的には、お寿司にお酢をかけて食べてもいいと思うけど。まあ、日本は同調圧力が強いから、みんながいいと認める方法に馴染《なじ》めたほうが苦労は少ない。長期的に見て、それが良いか悪いかはよくわからない。自閉症を受け入れられる社会は、きっとイノベーションが起きやすい社会だとは思うから。

また食べ物の話になるけれど、ぼくは酢飯が大好きで、かつ生ものがダメだったので（まぐろしか食べられなかった）、子どもの頃は人のシャリだけもらうか、お寿司屋さんに酢飯だけ届けてもらっていた。今でも、しゃぶしゃぶの食べ放題などに行くと、肉には目もくれずマロニーだけを食べ続けているので、お店の人にはとても異様に見えるだろう。

ただ、万人に効くと保証されたものではないことと、その構造からいってS／T値がとても低い手法なので（最初はマンツーマン、症状に改善が見られると少人数グループに移行するが、手法的な限界で大人数には対応できないだろう）、コストはかかる。

大教室のクラスルームトレーニングを行う予備校はそんなに高額ではないけれど、同じ時間を家庭教師で埋めようとしたら恐ろしいほどの出費になるのに似ている。日本では保険適用にはならないし。お金持ちの人はともかくとして、「効果がある」といわれる水準の頻度でＡＢＡを受けようと思ったら、家庭生活の何か他の部分を諦めなければならないくらいのインパクトを持つ出費にはなる。

ぼくの場合は、ほぼ唯一の継続的な趣味だったカートに行きにくくなった。12歳から始められるカーレースで、将来Ｆ１を目指すような子がいたり、のんびり走っているおじさんがいたりして、とても楽しいのだ。遊園地のゴーカートに割と本物のエンジンを積み、本気のタイヤを履かせたものだと考えるといいかもしれない。マシンに色々速度を錯覚させる工夫がしてあって、最高時速は１００キロくらいのものなのだけれど、体感速度は倍以上になる。

カートがダメになったので、たまの休みにはますますゲームで二次元世界に耽溺《たんでき》するようになった。あれ、貴重な現実との接点だったんだけどなあ。

ABAを自宅でやるのは難しい

ぼくの子は、とにかく言葉が出るのが遅かった。

発達障害の子は、能力値をレーダーチャートで描くととんでもなく不均一で、凸凹《でこぼこ》していることが多いけれども、突出して言葉がダメだった。

だから、意思疎通には苦労した。

言葉は苦手だけれども、あんまり色んな欲求がないので、おとなしく仕上がっている子がいる。ぼくの子は、コミュニケーションがからっきしなのに、やたらと色んなことに首を突っ込みたがるので気苦労が絶えないことこの上ない。

人の食べかけのアイスを無言で奪っていくし、棚の上にあるみかんに手が届かないので勝手に人の手を使おうとするし、満艦飾《まんかんしょく》のクレーン現象である（ぼくもふとんから出るのがおっくうなので、できる限り子どもの手を使ってタブレットを持ってきてもらったり、ＶＲヘッドセットを準備してもらったりするが、あれもクレーン現象なんだろうか）。

だから、はじめてＡＢＡに行って、２時間ほどのプログラムを受けた後に、「おせんべいが欲しいよ」という指によるサイン（あ、もちろん世界的にそんな標準プロトコルがあるわけではなく、うちでしか通用しない独自ルールである）によっておせんべい欲を伝えてきたときにはびっくりした。

もっとも、言葉が出ないからといって手信号による意思疎通を試みることを否定している文献もあったので、今療育中の方は真似はしないほうがいいかもしれない。専門家の意見を聞いていただければと思う。

とにかく、今まで嵐のようにせんべいとみかんを無言で奪っていたのが、トントンと手信号で「おせんべちょうだい」とコンタクトを試みるようになったのであるから、一気に生活が文化的になった。それだけで、「ああ、ＡＢＡに行って良かったなあ」と思ったものである。高いけど。

　で、ものの本を読むと、「可《か》塑《そ》性の高い年齢のうちに（できるだけ月齢・学齢が低いうちに）浴びるほどＡＢＡをやったほうがいい」とか書いてあるのだ。鵜呑みにするわけではないが、実際効いてるしなあと思えば、可能な限り受けさせたいというのが親心である。いや、綺麗事だけでなく、色々困難だったり迷惑だったりしていたことがちょっとずつ解決されるので、自分のためにも受けさせたいのである。

　でも、評判のいい先生はひっぱりだこだったり、高コストだったりするので、「親が学んで自分でやりましょう」という話になる。ずっと一緒にいるわけだし、理屈の上では正しいんだろうけど、そんなにうまくいくものではない。やっぱり専門家は上手だ。

　どうやって子どもの注意をひくか、あるいはそらすか。そんなちょっとしたことが、いちいち素人とは違う。想像しにくかったら、クロースアップマジックを思い浮かべていただくといいと思う。

　左手で派手なアクションをして、観衆がそこに気を取られている間に、右手でカードを操作する。言葉にすればそれだけの話だし、至ってシンプルだ。

　でも、理屈がわかっているからといって、みんながカードマジックの名人になれるわけではない。ぼくは一時期マジシャンに憧れていたので、カードは数え切れないほど使い潰したが、ダブルリフト（カードマジックで、一番上のカードを1枚めくると見せかけて、2枚同時にめくる技）すら満足にできない。たいてい、『手品先輩』のような結末を迎える。

たとえばＡＢＡを真似っこしようとして、「集中する」という成功体験を積ませることを試みる。褒めて、その行動を強化したいから、集中させるようにタネを施すのだが、最初からつまずく。視線のあわせ方、ハンドアクション、体で視線を遮る手法、声かけのタイミングと声音、声量……。プロの技の集積はすごいのだ。

訓練を積んだ先生がやると、1時間も集中して積み木に取り組み、お手本を模倣することすらできるのに、ぼくが同じようにやると5分もしないうちに積み木を食べ始めるし、お手本を真似させようとしたら、お手本をくちゃくちゃに崩して自分の積み木と同じようにした。斬新な問題解決法が多くて、毎回楽しかった。いや、ダメなんだけど。

幼稚園より保育園のほうが寛容？

どうもうちの子は発達障害らしいぞ、少なくとも定型発達の子と一緒の集団に入ると、相当苦労しそうだ、と判明したとき、どんな進路を考えればいいだろうか？

もちろん、その子が何歳か、障害の特性はどうか、重複障害があるのかどうかによって、考慮しなければならない事項はまったく異なってくる。自分は専門家ではないので、自分が経験した範囲内での狭い知見しか提供できないが、少しでも多くの方の参考になればと思う。


まず、ぼくの子の障害がなんとなく見え隠れし始めたのは、1歳になった頃である。自分が引っ込み思案で、集団に馴染むのにたいそう時間がかかる性質《たち》だったので、同じ苦労はして欲しくないなあと思って、何かの集団に参加させたかったのだ。

選んだのは音楽教室だった。リトミックに学術的な興味があったとか、我が子の音楽的才能に賭けていたとか、そんな要素はまったくない。集団で行われるクラスルームトレーニングであればなんでもいいと思って、たまたま近所に音楽教室があっただけである。志は限りなく低い。

そこで思い知ることになるのだが、1歳児の集団といっても、なかなか馬鹿にできないのである。先生の顔色や態様で、まだ話せないながらも言葉での指示も相当通っていると思う。

そう、「指示が通る」という言い方を覚えたのも、この頃だ。「うちの子は言うこと聞かないなあ」、「っていうか、ちゃんと聞こえてるのかな? 聴力検査はOKだったけど」くらいには思っていたが、まあ1歳児だしな、とも考えていた。

ところが、よそ様のお子さんは、1歳にして見事に指示が通るのである。

その後、「う〜ん、みんなは先生の言葉による指示で活動ができるのに、なんでうちの子だけ羽交い締めにしないと集まれないんだろう?」とか、「おやおや? 他のおうちは、『そろそろお子さんだけで参加できますよ』って言われてるのに、うちはいつまでも親子で参加だなあ」という経験を、延々と繰り返すことになるのだが、これが最初の一歩だったわけである。

主治医が超楽観的な人だったことも手伝い、確定診断が2歳半ばまでずれ込むことになったのはここまでに書いた通りである。となると、何かしなければならない。発達障害は障害であって病気ではないから、治癒するものではないが、適切な対処法を本人や周囲が学べば、社会に馴染める余地は大きくなる。いわゆる療育というやつだ。これも、脳の可塑性が高いうちに、すなわちできるだけ月齢・学齢が低いうちに始めたほうがいいとされている。2歳半まで引っ張った時点で、ぼくは出遅れているのだ。

ただ、そもそも幼稚園に行かせるつもりだったので、ここはあまり迷うことはなかった。というのも、幼稚園は3歳からである。2歳半の時点では、まだどこにも所属しておらず、どこかに通うとしたら療育施設一択だ。

療育施設は、それが公のものであれ、私立のものであれ、診断が出ていたり、障害が強く疑われたりする状況であれば0歳児から受け入れてくれるだろうから、3歳未満の段階では単にそこに行くことになるだけだ。幼稚園を辞めて療育施設に行こう、といった意思決定はしなくてよい。行く・行かない、だけであれば決断のハードルは低いし、どのような療育であれ、行ったほうがいいと思う。

ちなみに、療育施設のバスに乗って、周囲の人の「あれ？　あんなところにバスが停まるの？」、「見たことない施設のバスだなあ」という視線を浴びながら出発すると、なんだか遠いところへ来てしまったなあという寂寥《せきりよう》感に襲われるが、大丈夫、2日目には慣れる。

迷うのは、すでに保育園に通っている場合だろう。

その保育園に馴染んでいるのであれば、そこから異動させるのは子どももかわいそうだし、親子ともに負担が大きい。障害の度合いにもよるが、保育園に通いながら並行して療育施設に行けることもある。保育園に籍を残しておくことは、アリだと思う。

ここから先は、極めて個人的な経験に基づいて書いている。偏った意見でもあるだろう。だから、読み流していただいてかまわない。ぼくがこのように考えるのは、保育園のほうが障害児に寛容である場面に何度も出くわしてきたことも大きい。

理由はよくわからない。ただの偶然かもしれない。ちょっと思うのは、幼稚園は3歳からの、ある程度「完成された子ども」（定型発達の3歳は、本当に完成されている）を預かる施設なので、幼稚園の先生はあまり吐いたり漏らしたりぎゃん泣きしたり等々の、ものすごい度合いの経験はそんなにしてないよなあ、ということである。

一方、保育園はところによっては0歳から子どもを受け入れる。この差は大きい。発達障害の子どもが、とんでもないことをしでかしても、「なりの大きい0歳児」と思えば呆れずに対応できるのかもしれない。

ただ、これは「保育園に籍を残しておくのがアリだ」という話であることに留意して欲しい。「保育園を療育施設代わりに使え」と主張しているわけではない。保育園はそういう施設ではないし、障害の疑いのある子が大挙して転園してきたら園も先生も困る。

いずれにしろ、機会があるならば、そして困っていることがあるならば、迷わず療育施設の門は叩いておくとよい。気後れするかもしれないけど、手遅れになるよりずっといい。

発達障害を取り巻く状況は「早期発見・早期絶望」

報道などで不可解な犯罪などが報道されると、容疑者は発達障害だったとされて、みんなが納得するケースがある。実際に容疑者は発達障害だったのだろうし、報道機関は不可解な状態にレッテル張りをして、大衆に理解を促し安心させる機能を担っているであろうから、職責を果たしているだけとも考えられるのだが、発達障害の子が特別に犯罪性向が強いデータは示されていない。

むしろ、たとえば自閉症スペクトラム障害であれば、めちゃくちゃルールを守るのが一般的だろう。ぼくは、目的達成のためだったら、嘘は……つくと却《かえ》って面倒なことになるのであまりつかないが、都合の悪い情報に言及しないくらいのレトリックは使う。でも、自閉症の子は嘘をつけない。「人に嘘をついてはいけないよ」と教わって納得すると、ずっと嘘をつかないのだ。

前にも触れたが、感覚統合などに問題があり、定型発達の子よりずっと世界が混沌として見えているので、ルールにしがみつく傾向があるのである。

自閉症の子が、レゴブロックをミリ単位で精密に組み上げるような動画を見たことがないだろうか。健常者の目にはそれが薄気味悪く映るわけだが、あれも不安な世界に秩序を与えたい彼らなりの生活の知恵である。だから、自閉症はむしろ秩序を作る方向性を好み、秩序の逸脱を良しとしない。

ただ行間を読む能力を持ち合わせていないので、子どもの頃のぼくのように、

「おばあちゃん、顔色いいよね？　ね？」

と問われて、

「そうは見えません。余命はあと3か月だと聞きました」

などと答えてしまうのだ。

嘘をついてはいけないルールと、人に配慮しなければならない状況を比較考量して、ルールのほうを重んじるのである。もちろん、人の気持ちを類推するのが苦手であることも大きな理由だ。

だから、自閉症の子が様々な困難を抱えているのは間違いないのだが、安易に発達障害や自閉症だから犯罪を行ったのだ、という言説が定式化することには違和感を禁じ得ない。

これらの子が犯罪性向を持つとしたら、むしろ発達障害や自閉症そのものではなく、それらに起因して社会とうまく関われず、周囲がその対応にも失敗したので、孤独感や無力感を強烈に味わう、二次障害の結果であることが多い。

自閉症は障害であって、治癒する性質のものではない、とは本書で繰り返してきたことだが、だからといって人生を諦める必要はない。

日本の自閉症を取り巻く状況は、よく「早期発見・早期絶望」といわれる。1歳児検診や3歳児検診の浸透や進歩によって、早い段階で自閉症児を発見できるようにはなったのだが、その症状を抱えて社会とうまく折り合いをつけるための療育があまり機能しておらず、学校などでも厳しく周囲との同質性が問われるので、早めに見つけても絶望するだけで将来のビジョンが見えないというのだ。

実際にその通りかもしれないし、ぼく自身もずいぶん嫌な思いをした。ソーシャルインクルージョン（社会的包摂）を熱心に説く幼稚園が、実は強烈な健常児／自閉症児分離主義だったり（それ自体は否定しない。ぼくもある程度分離したほうが、むしろお互いに幸せだろうと考えている。この点は後ほど詳細に書こう。ただ、包摂を謳っておきながら、入ってみると手のひらを返すのはずるいと思っただけだ）、ＰＴＡ活動で、健常児の親と自閉症児の親に上下関係があるケースなどはざらである。

それでも、たとえ最初のとっかかりはおためごかしだったとしても、言い続けたりやり続けたりしているとそれが徐々に定着していくことはあるので、（自分が何かをしたわけではないが）社会的包摂などの啓蒙活動には意味があったのだろうし、感謝しなければならないのだろうと思う。自分が子どもの頃に比べれば、自閉症児を取り巻く環境は格段に良くなった。かなりの自己負担を覚悟するならば、早期療育によって障害の特性を緩和し、二次障害を起こさないような環境を整えることも可能になってきている。

その上で、部分的な社会的包摂がうまく機能するといいと思う。本書の後段で詳しく述べる理由により、個人的には健常者と自閉症者の完全な交流は、お互いにとってストレスが大きいだろうと考えている。だから、よく理想として述べられる全面的社会包摂には、あまり賛成していない。

でも、ちょこっと社会参加するメリットは意外と大きいと思うのだ。まず国庫負担が減らせる。療育コストをかけず、障害を放置したまま、ずっと障害者として生活保護をするのと、人生の初期に療育コストをかけ、一部でも社会参加して給料を支給し、税金を納めてもらうのとでは、かかるコストの額がまったく違う。自閉症児の側も、自分に何か役割があることを好む。

そして、個人的にはこちらを楽しみにしているのだが、自閉症の子が社会に参加することで、閉塞した日本社会に風穴が開かないかなと思っているのである。

今の日本ではなかなか、「どうして自分の仕事は終わったのに、上司の仕事が片づくまで仕事しているふりを続けなければならないのだろう」と声高には言えない。でも、自閉症者なら簡単に言ってのけそうなのである。

「なんでサインじゃなくてハンコじゃないとダメなんですか？」

「どうして有給休暇を消化すると白い目で見られるんですか？」

「この会議は結論を出すためではなくて、招集者の暇つぶしのためにあるのですか？」

多様性を受け入れて、色々な人の意見を聞く意味って、たぶんこういう発言を引き出すためにあるのだ。これを引き出せて、その上で自分たちの社会や組織を変えていくことができれば、少しは面白い世の中になるかもしれない。

日本社会は本当の意味では多様性など望んでいないと思うので、こうした取り組みは挫折しているものも多いが、自閉症児とＡＩは意外と言いたいことを言ってくれるのではないかと期待している。

知能検査、受けるべきか、受けざるべきか

知能検査というのは嫌なものである。

だって、知能が定量的に評価されるのである。数値が出てくるのだ。

知能検査の趣旨は、「得意分野や不得意分野を見極め、学習指導の方向性や、発達支援の必要の有無を判断」することである。満艦飾にいいことずくめである。

でも。そうはいっても。

知能をはかる物差しが与えられれば、優劣を感じずにはいられないものだと思う。

「優劣をはかるためにやるものじゃない」

医師が、臨床心理士が、セラピストが口を揃えてそういっても、やっぱり人は比較する。

それはそうだ。

たとえばぼくだって、「学校の試験は優劣をつけるためじゃなくて、到達度をはかるためにやるんだ」とか、「不得意だったところは、重点的に復習しよう」くらいのことは言う。でも、それがおためごかしにすぎないことはすべての学生が知っている。優秀な成績を収めた学生は奨学金がもらえるかもしれないし、留学にも行きやすい。就活にだって影響する。およそ評価尺度のあるところ、必ず比較が立ち現れる。

定型発達の子と比べるだけではない。

障害のある子同士でも、なんとなく序列感があるのである。

そんな序列を作ることに意味があるのか、とは確実に思う。

だって、定型発達の子との差に比べたら、障害のある子同士の差なんて、微々たるものである。誤差かもしれないほどの数字だ。

だけれど、できる子さんグループと、あんまりできない子さんグループはなんとなく分かたれるし、お互いに気を遣う。

それまで和気藹々《あいあい》とやっていたのが、能力が数値化されると同時に不可侵の透明でうすい膜（でも破られることはない）が形成されるのだ。切ない。

でも、それでも知能検査は受けておいたほうがいいと思う。

検査を受ければ、多かれ少なかれ傷ついたり傷つけたりはするのだ。しかし、永年積み重ねられてきた評価尺度は伊達ではない。数値化されたその子の能力は、かなり正確にその子が今必要としている支援、将来進むべき方向を示すのだ。

ぼくは昔、「偏差値なんて」って思っていた。極めて一面的で押しつけがましい評価尺度であり、偏差値が高いから偉かったり優秀だったりするわけではないと。学校の成績がいいのと、社会で役に立つかどうかも別だと考えていた。

しかし、長年学校に勤めてみると、社会で必要とされる能力と偏差値のリンクに嫌でも気づく。生活態度やコミュニケーション能力まで、相関が見られるのである。

知能指数も同じである。

ある水準を下回ったら、支援を受けたほうがいいし、一般的な数値の子たちと交流は持ちつつも教育の場面は少し分けたほうがよいと思う。定型発達の子と一緒に学ぶインクルーシブ教育は好きな考え方だし、貴重な機会だけれど、学習効率は決して良くない。

はじめて知能検査を受けるときはどきどきするし、思ったような評価が得られなかったりすると軽く奈落に落とされたような気持ちにはなるけれど、いつかは直面しなければならない現実である。

できるだけ早めに我が子の立ち位置を知って、どんな療育をすればいいのか、どんな将来を想定して準備すればいいのかを、感じておくのがいいと思う。

知能検査には様々な種類があるけれど、どれを受けてもいいと思う。小さなお子さんが受けるとしたら、田中ビネーかＷＩＳＣあたりだろうけれど、どの検査方法でも子どもが持っている能力の指標が得られる。

ただし、異なる検査の数値を比べることには意味がない。たとえば、田中ビネーで出てくる数値は発達割合であるのに対して（これも今は改訂版が普及して、状況が変わっている）、ＷＩＳＣにおけるそれは同年齢の子どもの中での位置づけを表している。１メートルと１リットルを比べても仕方がないのと同じである。同じ子が同じ条件で両者を受検すると、田中ビネーのほうが10以上も高い数値が出てくることが知られている。だから田中ビネーしか受けないんだ、というご家庭とも知己を得る機会があったが、ＷＩＳＣの値と比べて一喜一憂しても仕方がない。

とはいうものの、ぼくとぼくの子が知能検査を受けに行ったのはだいぶ遅くなってからだ。だから偉そうに人のことを言えたものではない。その理由はといえば、ぼくの子が試験用紙を解くものではなく、噛むものだと思っていたからだ。後年になって、言葉が出るようになってから聞いたことがある。


「なんで噛んでたの?」

「噛まずにいられない」

「おいしいの?」

「おいしいわけがない」

「試験を解かないとまずいのは知ってたよね」

「知ってた」

「じゃあ、解こうよ」

「解こうとすると、噛んでる」

本人に言わせれば、問題を解こうとはしているのだが、そうであるならば問題を解くという出力が得られてもいいはずだ。なのに、なぜか出てくるのは「試験用紙を噛む」という出力である。典型的な入出力機構の不具合であるといえるだろう。

11歳になった今は、さすがに本が噛み痕だらけになることはなくなった。本が壊れなくていいやと思いつつ、ちょっと寂しくも感じる。

「手取り足取り何度も教えてあげれば何でもできるようになる」の罠

「う〜ん、頭は悪くないんだよなぁ。でも、色々できませんねえ。まあ、こういう子は手取り足取り何度も教えてあげれば何でもできるようにはなるんですよ」

先生は知能指数検査（田中ビネー）の結果を見ながら宣った。

こういうセリフは、発達障害のお子さんをお持ちのご家庭であれば、割とどこのクリニックでも経験することになる。

そう聞くと、「おお！　何でもできるのか！　なんだ、障害っていっても大したことないじゃん。良かったね！」などと言われるのだが、前提条件を忘れてはいけない。「手取り足取り何度も」である。これは並大抵のことではない。

なにせ、「静かにしてて」と指示したはずが、「大いに笑い転げろ」と聞き取ったりするわけである。

そうした特性を持っている子に、「何度も繰り返し教えてあげる」のは波打ち際で砂の山を100メートルほど積み上げる行為に似ている。消耗する。特別支援教育のコストが普通教育の9倍もかかるのは伊達ではないのだ。


for(int i=0; i<100; i++){

「ご飯はね、手で食べちゃまずいよ。ちゃんとお箸を使おう。あー、持ち方違うね」

「手を使ったほうが早く食べられるから、箸を使うのはおかしい」

「効率を考えるとそうだねえ。でも、文化的な背景もあってね……。あ、また箸の持ち方違うね。そもそもスキルを上げれば効率も良くなるよ」

「わかった。手は使わない」

「なるほど、丸呑み！　そうきたか……って、感心なんかしないぞ。あ、それ箸の持ち方違うね」

｝

※C言語の繰り返し処理。

ってことで、これを１００回ほど繰り返して、なんとか箸を使うことを納得させ、スキルも向上させるわけである。油断すると3日でまた元に戻るけどね！

定型発達の子だってそうじゃないかと考える向きもあるかもしれない。子どもはみんなそうだよと。

スタートラインは確かにそうだ。

どんな子どもだって教えてあげないと、種々のスキルは獲得できないし、そこに投じる教育コストは時間であれ資金であれ努力であれ、膨大である。

しかし、定型発達の子は、次第にスキルを、知識を、知恵を自分で獲得するようになる。加速度的に親の手を離れていく。勝手に学習を始め、育っていく。

この差はでかい。

将棋などのタスクに適用されるいわゆる「弱いＡＩ」は、いつの間にか棋力において人間を超えた。その仕掛けはニューラルネットワークにあるとも、クラスタリングにあるともいわれる。でも、そんな理論は何十年も前には知られていた。

近年、急速にＡＩが猛威を振るうようになったのは機械学習、すなわちコンピュータが勝手に学ぶようになったからである。それまでは、プログラマが手塩にかけてアプリケーションを調整しなければならなかった。一つひとつ、癇癪を起こしがち、意に沿わない動作をしがちなコンピュータに、遠大な試行錯誤を経て将棋を教えたのである。それこそ、子どもに教育を授けるように。

でも、夜を徹した作業を繰り返しても、到達点には限界があった。その限界、その天井が囁かれるようになったころ、機械学習によって自ら学ぶようになったＡＩにあっという間に棋力で抜かれたのである。

人の子もそうだ。教えてあげれば何でもできるのだとしても、受け入れの効率が悪かったり、自ら学ぶ・自ら外界へ働きかける力が制限されていたりするのであれば、やはり到達できる場所には差が出てくる。

何が言いたいかというと、「教えてあげれば何でもできるんだから」とあまり根を詰めすぎないで欲しい。それで親も子も疲弊してしまっているご家族をだいぶ見てきた。可能性があることと、実際にどこまで到達できるのかはだいぶ違う。それこそ手製の将棋アプリと機械学習型の将棋ＡＩのように。

「自分が手を抜かなければ、定型発達の子と同じ水準まで至れたのではないか」と自分を責めたりもしないで欲しい。それはたぶん無理だ。世界に対するアプローチの仕方が違うのだから。

　でも、両者は違うだけで、たとえば手製の将棋アプリが将棋ＡＩに劣っているとも思わない。ＡＩはただ結果を出すだけ、示すだけで、途中の思考プロセスは謎に包まれている。一方、お手製の将棋アプリは内部のロジックを人間がすべて把握している。もしかしたら、棋《き》理《り》の探索に役立つのはお手製アプリのほうかもしれない。

　自閉スペクトラムの子も、思考アルゴリズムや情報が脳に届くまでの経路が違うのだろうけれども、それは「違う」だけで劣っているとはあまり思っていない。世の中に変わった視点を提供する役割が与えられているのかもしれないのだから。

行間を読み取る能力

「先生は怒ってないからね」

というセリフを聞けば、社会生活の経験値があまり収集できていない幼稚園の子でさえ、「あ、この人は大人げなく激怒している」と理解し、抜群の回避行動を見せる。なるべく先生と目を合わせず、発言は控えめ、ふだん立ち歩きがちな子もイスにはりつく。

もちろん、中にはどんくさい子もいる（ぼくのことだ）。「そうか、怒っていないのか」と言葉通りに解釈して、平常運転で先生に質問などかまして逆鱗《げきりん》に触れる。

「あれ？　怒ってないはずなのに？」と不思議には思うが、発言と感情が一致していないことには思い至らない。基本的に空気を読んだり、行間を読んだり、表情を読んだりすることは苦手なのだ。

そういえば、国語の問題でも筆者の意図を述べよとか、登場人物の気持ちを推測しろといったたぐいの行間を読む系の設問は嫌だった。筆者の意図なんかわからん、というのが正直なところである。

だって、どんな悲恋ものを書いていたって、そのとき筆者は「おなかが減ったな」とか「印税率もうちょっと上がらないかな」とか考えているかもしれないし、そのほうが可能性が高いと思う。

どうして、入試問題などで高い蓋然性を持って「筆者はこういうことを考えていたのだ！」という設問が作れるのか、いまだによく飲み込めていない。

実際、最近自分の文章で入試問題を作ってもらえる機会が増えた（有り難いことである）のだが、ある「筆者の意図は何か」という多肢選択問題では、その文章についてぼくが考えていたことは選択肢になかった。本人が考えていたことより、ずいぶん立派な解釈をしてもらっていた。世の中は優しい。

人の能力などというものは、障害があるにしろないにしろ、またそれが人の感情を読み取る能力であれ、それ以外の能力であれ、すべからくスペクトラム上に分布しているだろう。

その意味では、定型発達の子も、境界線上の子（ぼく）も、同じ評価軸の上に立っている。しかし、手帳がもらえるくらいの子（ぼくの子だ）になると、やっぱり行動がかなり振り切れてくる。

（先生）「先生は怒っていないよ」

……（気づいていない。水遊びをしている）

（先生）「怒っていないけどね、今は水遊びじゃなくて、席に座る時間じゃないかな」

……（やっと先生の存在に気づく）

（先生）「水遊びはどうかと思うなあ」

「怒られていますか？」

（先生）「いや、先生は怒っていないよ！　でも、お湯を使うのはもったいないかな。エコってわかる？」

……（お湯を水にする）

（先生）「あれ？　何してるの？」

「水にしました。資源の無駄がガスと水から、水だけになりました」

（先生）「……!!!」

流れるような手順で先生の戸惑いと怒りを増幅させて、落雷に至るのである。

ぼくの勉強している分野に増幅型ＤＤｏＳ攻撃という、インターネット上のサーバへの攻撃手法がある。最初に送り出したパケットをわらしべ長者ふうにどんどん（他人の力で）大きくして、巨大なデータとして目標サーバに送りつけ、運転停止へ追い込むのである。

やっていることは迷惑極まりないのだが、そのプロセスの独創性と流麗さはいっそ賞賛を贈りたいほどだ。発達障害を持つ子（のうちの一部）が先生をいらつかせる手際も同じように際立っていて、いや、実際止めに入ることもできたのだけれど、面白いので最後までプロセスを進めて見届けてしまった。ぼくもついでに怒られたけど。

表情や行間は読み取れなくても、明文化された情報や視覚で捉えられる事象は異様に記憶して、それを墨守することができる。これって何かに似ているなあと考えていたら、コンピュータだった。発達障害とコンピュータの親和性については、またいずれ。

なぜ音が届いていても、聞こえないのか？――知覚過敏（1）

音は届いているが、聞こえてはいない。

発達障害を持つ子を育てていると、けっこうな確率で出くわす現象だと思う。

どんなメカニズムになっているのか子どもに聞いてみたい現象の一つだと思うが、これについては自分自身がかなり実感を持って答えられると思う。

まず前提条件として、ぼくは機能としての聴力はかなりいい。というか、健康診断で聴力測定をやると、「え、今のが聞こえたんですか？　ほんとに？　その歳で？　タイミングを見計らって適当に押してません？」と二度見されることがそれなりにある水準でよく聞こえる。

発達障害の子は知覚過敏が多いと聞く。本人たちに確かめるすべがあまりないので、実態はよくわからないけど、ぼくの耳の聞こえ方が発達障害特有のそれに近いのであれば、たぶん聞こえすぎたり匂いすぎたりするのだ。

ぼくの場合は耳の他には鼻が過敏で、たばこの匂いは煙いというよりも痛い。

とはいえ、調香師として生計が立てられるようなものではないし、耳だって音は聞こえるけど絶対音感があったりするものでもない。使いどころがない、もてあまし気味の機能である。情報システムでいうならば、実装されなくてもよいたぐいのやつだ。

歯医者でもよく検査が止まる。

なんだか唾液の量が多いのだ。

「3分でどのくらい唾液が出るか検査するので、このコップに出してくださいね」と、看護師さんに一点の曇りもない笑顔で促されると恐怖を覚える。

「えーと、これあふれちゃったら、2つ目のカップはどこに……？」

「大丈夫ですよぅ～～～～～～、こんなに出る人いませんから」

って、言われてもあふれるのだ。

「ええっ!!　あふれたんですか！」

って大げさに驚くのも、地味に傷つくのでやめて欲しい。だからゆったのに。


……歯医者の話は発達障害とは関係なかった。しかし、発達障害の子をいかに歯医者に引きずっていき、どう押さえつけるかはその親にとって極めて重要なテーマではある。結論からいえば、虫歯にしないにこしたことはない。子どもがたとえどんなに歯磨きが嫌いで、歯を食いしばるたちだったとしても。

あっ、でも「ハキラ」（商品名出していいのだろうか）はいいかも。おいしいし、虫歯が遠のいた気はする（個人の感想です）。子どもがあんまり使わなくなった後も、自分で買い続けて夜中にポリポリ食べてる。夜食の罪悪感をあまり感じない。

で、機能としての聴力はいいのだが、ぼくは周囲の人には「あまり人の話を聞いていない人」とか「耳の聞こえが悪い人」と評価されていると思う。

思春期の頃は苦労した。ぼくは単純に呼ばれていても聞こえていないだけなのだが、教員や両親に思春期特有の反抗だと思われて、何度か始末書を書かされた。反抗するほど確固たるポリシーなんか持っていなかったのに。

音としては聞こえているけど、認知はしないというのはどういうことか。

よく言われることだけれども、何かに集中していて他の人の声が耳に入らない状態を想起するといいと思う。

もしくは逆の説明のほうがわかりやすいだろうか。

よく、「雑踏のノイズの中でも、知人の声は浮き上がるように聞こえる」という話を聞く。

ぼくはこの話を理屈としては理解できるけど、経験がないので実感はできない。

ここで述べたような話は、割とおかしいことだ。だって、知人の声よりも、周囲の喧噪のほうが圧倒的に音圧はでかい。

でも、友だちの声なら聞こえるのならば、そこには何らかのノイズリダクションがかかっていると考えるのが順当だろう。

周囲の喧噪という自分にとっての雑音をクレンジングして、そこに埋もれていた価値ある情報（友だちの声）を取り出しているのである。ちゃんとやろうとすると、かなり難しい処理だ。音声データを渡すから、今すぐノイズをキャンセルするアプリを作れと言われても自信がない。そもそも、最後に残すべき大事な情報の定義って何だ？

人間の音声域の情報を全部残したら、他にもまだ色々な雑音が混じっているだろうし、仮に人の声だけを抜き出したとしても、それがどうでもいい人か、家族や友だちかの判定までしなければならない。高度というか、めんどくさい処理である。

これをふつうの人は適切に、リアルタイムにやっているのかと思うと、くらくらする。みんなすごいや！

真面目にやっているつもりでも、不真面目に思われる——知覚過敏（2）

ぼくの聴覚的な世界では、社会生活にとってどうでもいい音も、先生の声といった重要な情報も、かなり等しく聞こえる。人の声が耳に入らないほどではないが、けっこう集中していないと話を聞き逃す。英語が苦手な人が、英語の会話を頑張って追っかけている状態といえば、おわかりいただけるだろうか。

繰り返しになるが、聴覚が悪いわけではないのだ。むしろ聴覚検査で驚かれるくらいには耳がいい。コインをばらばらばらっと落とされて、「今の何枚だった？」と聞かれて、運と調子が良ければ答えられるレベルである。だからこれは、聴覚的な耳の良し悪しとは別の話である。

特に、雑踏や人の集まる場所での会話は弱い。相当な確率で聞き返す。子どもの頃はあまり気にしていなかったけれど、長じて周囲を見回していると、みんなパーティだろうがクラブだろうが駅ナカであろうが、なんの遅滞もなくコミュニケーションしているではないか！　それと比べると、自分のコミュニケーションはどれだけ遅滞しているだろう！　そりゃあ、先生は反抗期だと思うし、友だちはふざけてると思うはずである。

そういえば、大学生のときに1級船舶の免許を取りに（ライセンスマニアだったのだ）行ったら、実技試験の所見欄のところに「難聴」と書かれた。実技で聴力検査はなかったはずなので「なんだろう？」と思っていたが、きっと何か聞き逃していたのだろう。

そう、この特性で、あまり不自由した経験はないのだが（ぼくが鈍感なだけかもしれない。

広く敷衍《ふえん》できる話ではない）、ネックになる部分があるとしたらここである。発達障害の子は、本人は真面目にやっているつもりでも、先生から不真面目だと思われたり、友だちから馬鹿にしていると思われたりすることがままある。

先生や友だちを責めるのも、なんだかなあという気はする。ダイバシティとか社会的包摂とかこれだけ言われているのだから、発達障害の特性くらい知っておこうよ、というのは、正論といえば正論なのかもしれないけれど、あまり周囲を幸せにしないたぐいの正論かもしれない。

定型発達の子には定型発達の子の悩みや葛藤があって、みんな自分の世話をするので精一杯である。障害児などという現実は、それが家族にでも起きない限りどこまでも人ごとであるというのが、自然な捉え方であって、「健常児も障害のある子の特性を知って手を差し伸べよう」というのは、特に今のような経済的にも余裕のない高ストレス社会では画餅《がべい》にしかならないだろう。

そんな中で、障害の可視化は有効かなと思う。

発達障害はぱっと見、定型発達にも見えるのに、その子が思った通りの行動をしないことで周囲との軋轢《あつれき》が起こる。まわりの人がその子に対して抱く期待値と、実際の行動のギャッ

ヘルプマーク

プがトラブルのタネである。

だから、周囲に予め期待値を下げておいてもらう。ただ、みんなに「ぼくは障害があって」と言って回るのも迷惑だし、自分も疲れるし勇気もないし、スマートでもないので、もうちょっとさらっと伝えたい。地域やおかれている環境によっても違うと思うけれど、ぼくの住んでいるところでは、ヘルプマークがだいぶ浸透してきたので、あれを使っている。

セキュリティ面では、却って犯罪のターゲットになるリスクを大きくする側面もあるのだけれど、それを上回るメリットが（ぼくの子のケースでは）今のところある。

ぼくの子といえば、知覚過敏の度合いはぼくよりも圧倒的に高い。

トイレのハンドドライヤーは自分が使うのはもちろん、他の人が遠くで使っても耳を塞いで逃げ出した。

コンサートも無理だった。そもそもどこにも出かけなければいいのだけれど、経験からでないとなかなか学べないたぐいの子から、さらに経験の機会を奪ってしまうし、うちにずっといるのも間が持たない。というか、ぼくがクラシック好きなのだ。

小学生になると入場できる東京フィルの定期演奏会とか（主に自分のために）すごく楽しみにしていて、うきうきしながら一緒に行ったのだが、演奏が始まる以前の段階で、暗くなった瞬間に目を塞ぎ、音が鳴り始めると耳を塞いで（目からは手が離れた）会場外へ駆け出した。まあ、そんなこともあろうかと、一番後ろの２人掛けの席にしておいたんだけど。

しかし、それから5年経った今は、定期演奏会に毎回行けている。知覚過敏はまだありそうだが、慣れというのはすごい。だから、お子さんが今知覚過敏でつらい状況にあるご家庭も、あまり思い詰めないで欲しい。

ただまあ、うちの子はコンサート自体は大して聴いていない。プログラムに記された作曲家の家紋（好きなのだ）を創るのに腐心している。その姿はやっぱりちょっと変だ。

自閉症児にも、心の理論がわかるときがくる

心の理論というのがある。

ふつうは意識しない。意識しなくてもちゃんとわかっているからだ。

だが、時として、自閉症児にとってはこれが大問題となる。

心の理論を説明しようとするとき、最もよく用いられるのがサリーとアンの課題だろう。子どもに、次のようなシーンを見せるのだ。

a．サリーとアンが一緒に遊んでいる。

b．サリーは持っていたボールを、バスケットに入れる。そして、部屋を出ていく。

c．アンはボールをバスケットからキャビネットに移す（サリーはいない）。

d．サリーが部屋に戻ってきた。

サリーはボールがどこにあると考えるだろうか？

これが問いである。

もちろん、答えは無数にある。他人の考えることなどわからないからだ。

ぼくがサリーだったら、まず天井裏から探し始めそうな気がする。探し物が子どもの頃からものすごく苦手なのだ。

えんぴつがなくなって（実家は色えんぴつの芯工場だった。えんぴつが無数にある環境で育ったのだ）、何度も何度も一生懸命探すのだが、どうしても見つからない。探す努力をしないで安易に助けを求めると怒られる。ぼくは怒られるのが嫌いなので、必死になるのだ。どうしても見つからず、夜のうちに天使がモノを運んでしまうというのは本当にあるのだと確信した頃にヘルプを求めるのだが、家人は一瞬でえんぴつを見つけてしまう。そして言われるのだ、「よく探しもしないで！」。

いや、絶対必死に探している。決して手を抜いているわけではない。ブツがあった場所も何回も捜索ずみの場所だ。でも目に入っていないのだ。おそらく発達障害の特性の一つなのだろう。

断片的な情報はものすごく頭に入ってくるのだが、統合が苦手なのだ。ぼくは今でも芯の部分を見ると、そのえんぴつが2BなのかFなのかだいたいあたりがつく。門前の小僧……というやつである。でも、「じゃあそのえんぴつ、どんな模様だった？」と問われると思い出せない。

人の顔を思い出すのも苦手である。瞳とか口唇の形は、我ながらよく記憶しているのである。でも、顔全体の印象が想起できない。

よく「どんな感じの人だった？」と問われて、「うーん、蛇口みたいな顔だったよ」とか「オリオン座ふうだった」と答えて、怒られるのである。いや、確かにふざけているように思えるかもしれないが、こっちは大真面目なのである。

じゃあ、記憶力が悪いのかといえば、コンピュータの型番や声優さんの発声前のブレスだとか、そういうのはとても正確に記憶できる。人の顔も、パーツはかなり覚えているのである。

ああ、ちなみに、初音ミクとかC.C.とか金剛改二とかはしっかりと全体像を覚えている。今すぐに失明しても、一生思い出に困らないほどよく覚えている。人の顔より情報量が少ないのか、単に興味の多寡の違いか、一度検証してみたい。

脱線が長くなった。

だから、個人的にはサリーがどう思うかと問われれば、「知るか」と答える。アンが食べたと考えるかもしれないし、事象の地平線を超えたと考えるかもしれない。サリーの考えることがわかるなどと思うのは、傲慢である。

しかし、世の中にはいわゆる「ふつう」があることも、もちろんわかる。

これは、「ふつう」に馴染めているかをはかるテストなのだ。

大人であれば、まず間違いなくバスケットと答えられる。本当にボールがあるキャビネットへとボールが移された瞬間を、サリーが見ていないことがわかるからだ。サリーの視点に同化して、サリーの気持ちになって考え、サリーの行動を予測することができる。

この他人の心をイメージして、それに寄り添うことは、子どもには難しい。あくまでも自分を基準に世界を認知し、考えるからである。ことに自閉症児にとってはそうだ。

子どもたちは次第に長じてサリーの気持ちに同化できるようになる。閾値《しきい》はだいたい小学校に上がるあたりだ。実際に定型発達のお子さんたちはそうだった。

自閉症児は、これが中学生になるときだったり、高校生になるときだったりする。自分は、すでにキャビネットという正答を得ているのになぜそれを開示しないのか、なぜ正しい答えを述べないのか、理解できないのである。サリーはそれを知らないと言われても、サリーに同化する必要性を感じない。できない。

でも、このお話を聞いて、自閉症のお子さんをお持ちの親御さんはがっかりしないで欲しい。自閉症児にも、心の理論がわかるときがくる。

それは、本当にわかっているのではないかもしれない。

ぼくだって、サリーの心には今でも同化できない。でも、サリーが得ている情報から、サリーはこれを知らないという事実を、視点の切り替えなしに推論できるようになる。別の回路を辿って、同じ答えに到達するのだ。

ぼくの子の場合は、定型発達の双子の相棒がなかなか手ごわかった。定型発達のくせに、心の理論を解読したのはかなり後になってからだと思う。自閉症児に至ってはいわずもがなだ。

そして、ぼく自身が人の心がよくわかっていない。でも、その3人で話していても、まるで相手の心がわかっているかのように振る舞うことくらいはできる。大丈夫、人の心なんてわからなくても、日常生活なんてちゃんと回る。

3　悩み多き学校教育

普通級と特別支援学級と特別支援学校のどこに行くか？

発達障害のある子が、小学校に上がるとき、普通級と特別支援学級と特別支援学校のどこに通わせたらよいのかは、かなり迷うと思う。

まあ、迷えるというのは、かなり幸せな状態ではある。

ぼくが子どもの頃の教育システムでは（その頃はまだ「特殊学級」と呼ばれていた）、あまり家庭がそういう意思決定に口を出せる雰囲気ではなかったように思うからだ。

今は行政の人も、教学の人も、かなり両親や子どもの意見を聞いてくれる。だからこそ、どんな意見を述べるかはとても重要だ。だって、「どうしても普通級がいいです」と言えば、あまり普通級に行くことが向いていなさそうな子でも、なんとか普通級に入れてしまったりするからだ。

本来、通うことが想定されている種別は、障害の程度が軽い順に、普通級↓特別支援学級↓特別支援学校である。さすがに二段階種別が異なる学校に行くケースはなかなかないが、本当だったら特別支援学級が向いていそうかなという子が普通級に通っていたり、普通級のほうがいいのでは？　と思う子が特別支援学級に通っていたりすることはままある。

一般的には、「普通級に行きたいんでしょ？」と思われたり、言われたりするし、実際にそういう方針のご家庭も多いが、障害のある本人やご両親が慎重だと、明らかに普通級相当だろうと思う子が特別支援学級を望むこともある。

それぞれのご家庭の方針や、医療機関・教育機関の方針があるので、あくまでも個人的な意見だが、迷ったらより手厚いサポートがある学校に行くほうがいいのではないかと思う。ポイントはクラスサイズとカスタマイズだ。

普通級であれば、1人の先生が30人、40人といった児童を相手にクラス運営を行う。近年では副担任がついたり、もっと少人数のクラス編成を行ったりすることもあるが、基本ラインはそこだ。

これが特別支援学級になると、クラス編成は数人のオーダーになる。特別支援学校では、児童・生徒と教員の関係はほぼ一対一だ。

本書で何度も言及しているように、S／T比（教員1人あたり学生数）は、教育にとって決定的に重要だ。先生の立場に立てば、たくさんの児童を受け持つのであれば、1人に対して割く時間的・工数的・資金的リソースは当然小さくなる。端的にいって、大人数教室では子どもはそんなに先生に相手をしてもらえないのだ。どの子も先生を1人占めはできない。

それに耐えうる能力があるから、普通級に行くのであるし、長じてもっと能力が伸長すれば、たとえば大学の階段教室における1クラスあたり500人（最近はさすがにないか）といった講義でも学習効果が出たりする。

言葉を換えれば、能力的に少し不安がある子は、できるだけ少人数のクラス編成の中に入り、可能な限り先生に時間を割いてもらったほうがいい。

先生にかけてもらえる時間の多さは、他の要素の欠乏を補って余りあると思う。

ぼくは大学のときに、その学部の1期の学生だった。教員としても、学部開設時の1期の学生を迎え入れる経験をしている。

どちらも、「1期生は成績も就職も良好」などと言われ、数値もそれを裏づけていて、先生や職員さんが学生のモチベーションの高さなどを要因としてあげていたが、ぼくは単に先生が学生にかけた時間の多寡だと思う。

学部開設時には、4年分の学生を教えられるスタッフが揃っていることが多いが、最初は1年分の学生しか入ってこないのだから、どうやっても教育の密度は高くなる。トラブルの芽でもあれば、すぐにそれを発見することができるし、用意されたカリキュラムでは飽き足らない子にも、学業不振に陥ってしまっている子にも、たっぷりと時間をかけて対応することができる。

個々に固有の問題を抱え（誰だって固有の問題を抱えてはいるが）、それへの対応を必要とし、標準化された教育に馴染みにくい発達障害の子には、少人数で編成され、発達障害に関する知見があり、授業運営と授業内容をカスタマイズできる余地の大きい特別支援教育が、やはり向いていると思うのである。

この話はもう少し続けよう。普通級に入るメリットにも触れていきたい。

普通級に進むメリット

特別支援学級のことをだいぶ持ち上げた。ここでは普通級に進むメリットについても触れよう。

前段の書きっぷりで一目瞭然ではあるが、ぼくは特別支援学級や特別支援学校が好きである。教育において、S／T比は本当に大きな要因なのだ。極少の人数での教育が確約されている特別支援教育は、とても良い教育ができると思う。その証拠に、定型発達の子向けの普通教育も、常に少人数教育を指向してきた。コストの問題でなかなか実現はしないが。

先に触れた、自閉症教育で定番のＡＢＡやTEACCHは、通常の教育手法と排他的な関係にあるわけではなく、定型発達の子に適用しても問題はないと思う。そもそも小さな子は、誰だって落ち着きがなかったり、儀式的な行動様式を持っていたり、何かにこだわりがあったり、気が散ったりする。けっこう自閉的な存在なのだ。そこには質と量の多寡しかない。まさにスペクトラムなのである。

ぼく自身、双子の片割れがあまりに頑固で手強いので、「ひょっとして、こっちもその気があるのか……」と思って療育プログラムに参加させたことがあったことはすでに書いた。結果的にこちらは定型発達として落ち着いたわけだが、療育プログラム自体はよく効いたと思う。重ねて言うが、特別支援教育と普通教育は排他的な関係ではないのだ。

だから、判断に迷ったときに、普通級ではなく特別支援学級へ、特別支援学級ではなく特別支援学校へという選択はアリだと思う。そのほうが手厚くケアしてもらえることは、みんなわかっている。それでもなお、不安を抱えつつ、よりクラスサイズの大きい学級へ進みたくなるのはなぜだろう。

「ふつうになって欲しいから」

「ふつうだと思いたいから」

こういう気持ちも、もちろんあるだろう。そりゃあ、かわいい我が子である。世の中の少数派になってしまうよりは、みんなと一緒のふつうの幸せをつかむか、少なくともそのチャンスは与えられて欲しい。療育を受けたり、特別支援学級に進学したりすると、「なんだか、みんなから遠くへ離れてしまったなあ」と感じるのは事実である。

「就職が心配だから」

これも、きっとあるのだろう。ぼく自身は、子どもがまだ就職のステージには立っておらず、想像とデータからしかこの問題について語ることができないので、現時点では何か述べるのは差し控えようと思う。

「普通級に入って、まわりの友だちに刺激を与えてもらいたいから」

実は、親心としては、これが一番大きいのではないだろうか。

これまでも、たびたび言及してきたように、自閉症の子は、入出力機能にトラブルを抱えている。興味のある事柄には、寝食も排泄も忘れて没頭するが、興味のない事柄には鼻も引っかけない。定型発達の、特定の年齢層にある子たちが、スポンジが水分を吸収する速度で知識や技能を身につけていくのとは、対極にある。

定型発達の子だって好き嫌いや得手不得手はあるが、苦手な先生の言葉だって取り敢えず耳には入っている。でも、自閉症の子（全体に敷衍しているわけではない。ぼくの子のケースだ）は、まるでそんなものがこの世に存在していないかのように振る舞う。

自閉症の子の無関心と不注意の城壁を蹴殴り飛ばして、知識を授けることは不可能ではない。でもへとへとになる。

この難物に対して、刺激が欲しいのである。特別支援教室の友だちたちも刺激ではあるが、自閉症同士だとどうしてもその質と量が乏しくなる。

そこで、普通級の健常の子たちである。あのきらっきらっした疲れ知らずの元気な子どもたちが、自分の子を毎日刺激してくれたらどんなにいいだろう！　その行動や立ち居振る舞いの10分の1でも真似してくれたら、かなり真っ当に見えるのでは？　などと考えてしまう。実際、混合教育の成功事例として取り上げられる子には、それでうまくいった子が登場する。

でも、それはベストプラクティスではあるけれど、みんなが真似できるモデルケースではないと思うのだ。

混合教育は定型発達の子にも、自閉圏の子にも負荷が大きい？

定型発達の子の集団に、自閉症や境界域の子が入っていくのは、とても大変だ。ぼくは、今でいう境界域にポジショニングされる人間だと思うが、幼稚園、小学校、中学校と人生のどのステージでもやたらと苦労した。

ここまでにも書いたが、ぼくが自閉的な特徴を持つ子と同じ聞こえ方をしていると仮定して、それは「母語が日本語なのに、他の子たちは英語で話している状態」に近い。自分が英語の教育を受けている場合、英語で行われている友だちの会話を聞き取ったり、そこに割り込んだりすることは不可能ではないけれども、ネイティブに操れる日本語のような快調さではできない。集中していなければならないので、放課後まではへとへとになる。それがふつうだと思っていたが、今思えばみんなはそんなにコミュニケーションに苦労しているようには見えなかった。

だから、反応は遅れるし、とんちんかんなことを言うし、いいタイミングで切り返しもできない。友だちのほうも気まずい思いをして、こちらも萎縮する。長じてくると、「こいつはわざとやっているのでは？」という猜疑心も芽生えてくるので、余計に友だちとの関係は緊張感を帯びる。

ぼくの時代はまだ自閉症に関する認知も進んでいなかったし、小学校高学年〜中学校の子どもたちは、猜疑心や批判的精神は芽生えても、まだ異なった存在に対する包摂を実行するほどには成熟していない。むしろ、異物に対する排斥が最も熱を帯びる年頃だろう。

それでいて、テストの成績だけは良かったりすると、健全な友だち関係を維持するのには相当な努力を要する。これは完全にぼくの個人的な体験談なので、一般化するのは危険だが、似たような状況の自閉圏の子は多いと思う。

ぼくの場合は、成績の取り方も良くなかった。ふだん、授業で当てられたとしても、うまく答えることができない。それはまあ、そうである。そもそも人の話が耳に入ってきていないのだ。当てられたことに気づくのが、まず僥倖《ぎょうこう》である。で、何を問われたんだっけ？

と推理する。当てられたことには気づけても、その内容まで聞き取れることはないし、「もう一度、お願いします」と宣言できるほどには世慣れていない。これまでの授業の流れと、先生の癖から何を聞きそうか推論するしかない。

そんなやり方では突拍子もない答えが出てくる。間違えるのならまだいい。でも、「どうしてそうなった」と思うような珍回答が生まれる。仮にうまく正解を引き当てた場合でも、微妙な間が空く。手の焼ける生徒である。

そんなやつが、ペーパーテストだと人が変わったかのような点数を稼ぐのである。こちらにも言い訳はある。もともと目から入ってくる情報をさばくのは得意だし、記憶するのも大好きだ。自閉圏特有の性急さで読み飛ばしても、文字情報ならいくらでも前に戻って情報の再摂取ができる。文字は素敵だ。

でも、ふだん授業を聞いていない（ように見える）のに、友だちのことも無視している（ように見える）のに、ペーパーテストだけ点がいいというのは、友だちコミュニティの中での立場を危うくする。先生でさえ嫌みを言いたくなるくらいなのだから。

だからこそ、先生や生徒に、自分たちとは違う存在の知識をつけてもらっての社会的包摂やダイバシティや混合教育、共生社会なのだろうけど、それでなくても自分のことでいっぱいいっぱいの学童期・思春期の児童・生徒たちに、それを軽やかに実行しろというのは荷が重いのではないかと思う。

それこそ個人的な体験だけれども、混合教育の中で障害のある子のお世話役（それが任命の形をとったにせよ、自然発生的にそうなったにせよ）のポジションになった子が疲弊したケースも見た。

混合教育は、理念としてはとても美しいし、将来的な社会のあるべき姿なのかもしれない。ただ、障害者を隔離して、まるで存在していないかのように振る舞う教育は論外としても、現時点では完全な混合教育は定型発達の子にも、自閉圏の子にも負荷が大きいかなと考えている。適切な区分、ある程度の区分は必要だと。自分のまわりの、あくまで極小の事例ではあるけれど、少し距離があったほうがお互いに尊重できているように見えるのだ。

スクールシャドーを入れるのは難しい

学校の先生というのは、難物である。

自分もそうだから、自戒を込めて書くのだけれど、みんな一国一城の主のつもりでいる。主といっても、偉そうにしているというよりは（そのほうがまだマシなのだが）、「自分のやり方は何か変じゃないのかな」、「これ、他の先生に見られたら笑われるのでは」などと、けっこうびくびくしているのだ。

だから、授業評価アンケートなどのしくみの評判や実施率はあまり良くない。それが、長期的には自分を利するものだと頭では理解していても、他の人の視線や評価に怯えるのである。

なぜこんな話をしているかといえば、スクールシャドーを入れるのが難しいからである。幼稚園や学校で、発達障害の子は色々トラブルに直面する。先生の話を聞かないとか、工作の時間なのに園庭を駆け巡ってるとか、鳩が3羽くるまでお弁当をひろげないとか、大から小までショールームのようにトラブルが並べられている。

特別支援学級や特別支援学校であれば少人数体制でがっちりサポートしてくれるけれども、障害の程度がそれほどでもない子は普通級や通級に通うことになる。これを先生に見てもらうのは大変だ。

先生は教室運営で手一杯で、障害がある子の個別サポートをする余裕はない。そもそも、そんなことは必要でないのを前提としてS／T比が設定され、人数を決めているのだから当然だ。

でも、現実問題として、比較的軽めの子はそこしか居場所がないのである。先生に期待するのも酷、しかし放っておかれるのも学びにならないとなると、助けの手が欲しい。そこで、専門の方にお願いして補助的に教室に入ってもらうのがスクールシャドーである。

お子さんの性質や特性にもよるけれど、これは劇的に効く。

スクールシャドーは、その子がおかれた状況を構造化して環境を整えたり（机が散らかってると気が散って先生の話に集中できないから片づけるとか、その程度のことだが。言葉を換えれば、その程度のことで状況が改善するということでもある）、先生の話に注意を向けるきっかけを与えたりといった、もろもろのことを行う。

一つひとつは大したことがなさそうに思えても、それを網羅的に、適切なタイミングで行うのは高度な職人芸といえるもので、絶妙な場面とタイミングで子どもの行動に介入できると大きな効果がある。

なので、入れられるものなら入れたほうがいいのは、障害のある子の視点で見れば間違いない。

しかし、ことはそうすんなりとは運ばない。他の子たちにとってはスクールシャドーは異物であるし、何より先生にとってそうなのだ。

先生は一国一城の主である。異物を嫌う。まして、自分が手を焼いていた子が、スクールシャドーの力で授業に適応できたりすると、自分の職掌を脅かされた気分にもなるだろう（もちろん、多くの先生は寛容だが、そういう人もいるということである）。ここで先生批判をしたいわけではない。自分のクラスに見学の人などが入ると授業がやりにくいなあと思うことは、ぼくもままあるのだ。

だから、スクールシャドーをお願いするときは、焦らないほうがいい。効果のほどを一度目の当たりにしてしまうと、「あんなに授業に集中できるようになるなんて！　ぜひスクールシャドーに入ってもらおう！」なんて気持ちになるのだが、学校側が諸手を挙げて歓迎するかどうかはわからないぞ、という気構えはしておいたほうがよいだろう。

「先生だって楽になるはずなんだから、断られる理由がない」などと思っていると、先に述べたような繊細微妙な心の動きを刺激してしまうことがある。ぼくもそれで、幼稚園の先生にひどく嫌われてしまったことがあるのだ。先生の特性はよくわかっているつもりだったので、かなり慎重に話を切り出したのだけれども、まだまだ修行が足りなかったのだ。

共生教育の考え方（1）——功利主義

障害児を健常児と分けて教育したほうがいいのか、それとも混ぜて教育したほうがいいのか、といった議論はよく聞かれる。自分の子どもを進学させるときも、ずいぶん迷った。もちろん、一昔前であれば、ある程度以上の障害を持った子は特別支援教育を受ける（すなわち、健常児とは分けられる）しかなかったので、選択肢が増えたということでもある。

一般的に、人生の選択肢が増えるのは良いことだと思うので、それは有り難い話である。ただ、選択肢が増えると、自分で選ぶ責任が生じるわけで、どの道に進んだらいいのか親は（年齢が進んでくると、子どもも）迷うことになる。

そう、これは迷うところなのだ。

医療関係者や療育関係者の中にも、行けるなら普通教育、あるいは健常児と混ざった教育と考えている人は多いし、世の中の流れも分離した教育から混合教育へと進んでいる状況だと思う。

ただ、ぼく自身は、単に混合教育∨分離教育の関係で捉えていないことは、これまでにも書いてきた通りである。これは壮大な社会実験のようなもので、まだ結果は出ていないのだ。

共同体が何かを行うときには倫理がベースになるけれども、今の社会に強い影響を及ぼしているのは、功利主義・自由平等主義・自由至上主義・共同体主義だと思う。ぼくが専門にしているインターネットの分野でもそうだ。

功利主義は、ベンサムの「最大多数の最大幸福」でとても有名だ。もちろん、幸せの総量は多いほうがいいだろうから、考え方としてとてもまともである。

功利主義について、一つ誤解するとまずいのは、幸福の追求を勝手にやっていいと考える思想ではない点である。誰かの幸せが、他の誰かの不幸せに直結することはよくあるので、一人ひとりが自分の幸せを最大限に主張する（これは利己主義である）と全体の幸せが減ってしまう。

端的にこれを表すのは選挙だろう。自分が幸せだと考えるほうに1票を投じて、政策が決定される。少数側の意見は採択されず、その意見を持っていた人は悔しい思いをすることになるが、全体として幸せの量が増えたと考える。

このとき、1人1票が与えられ、性別や学歴によって選挙権がなかったり、持っている資産に応じて2票や3票になったりしないことは、最大多数の幸福のために重要である。近代の政策決定のベースになる考え方なので、もちろん障害児教育もこの影響を受けている。私見が交じるが、教育に功利主義を適用すると、（教育の目的を、単に学力の獲得に限定するならば）定型発達の子と障害を持つ子の教育は分離されることになるだろう。実際に近代教育は普通教育と特別支援教育を分けてきた。

教育する側の立場でいえば、教える集団の学力レベルが揃っていれば揃っているほど教育効率がいい（極端な話、一対一の教育にしてしまえばいいが、それはコスパが悪く「最大多数の最大幸福」にならない。教育にお金をかけたくないと考える人も多いからだ）。

定型発達の子のみの教育であっても、進度別クラスに分けることがあるのに、そこに障害を持つ子が入ってくれば、確実に教育効率が落ちる。功利主義的にはあまり良い結果ではない。

もちろん、功利主義の枠内でも、「教育の目的は学力向上だけではない」とか「健常児と障害児がともに学ぶことで、お互いに社会性獲得などの利益がある」と考えることもできるが、学力の向上に比べれば副次的な効果ではあるだろう。だから、功利主義的な考え方ではかるならば、健常児と障害児の教育は分離したほうがよいことになる。

しかし、功利主義やそこから導かれる多数決が、必ずしも良い結果ばかりを導き出してきたわけではないことは、歴史が証明している。逆説的だが、たぶん別の考え方も導入しないと、幸せを拡張していくことはできないのだ。

共生教育の考え方（2）――自由平等主義

今でも功利主義の考え方は社会の至る所で採用されているが、批判があるのもまた事実である。最たるものは幸せの総量、すなわち組織や集団の利益が優先されることだ。たとえば、空港やダムを造ることに巨大な利益があるとき、もとからそこにいた住民に転居を強いるようなケースがある。

全体としては、空港やダムを造ったほうがいいことはわかっていても、自分が立ち退かされる側に立つとしたら、たまったものではない。全体の利益のためになぜ自分が犠牲にならねばならないのだ、と恨みもするだろうし、合理的な額の見舞金をもらっても、気分がすっきりするたぐいの問題ではないのだ。割を喰う人が、特定の属性を持つ人、たとえば少数派だったり、発言力の小さい人だったりに偏る傾向もある。

また、功利主義は結果がすべてである。「最終的には、みんなが豊かになるから」、「全体として考えれば、これが得だから」という理由で意思決定をするのだ。だから、選択が正しかったかどうかは、結果が出てからでないと正確には評価できない。経済波及効果が10兆円あるからといって開始を承認されたプロジェクトが、実際には赤字になることなどはよくある話である。

だから、事後的に考えてみれば間違った選択をしてしまうこともあるし、事前の見積もりでうまいこと嘘をつけば、人々を誤った方向へ導くことすらできる。

こうした問題点を受けて、意思決定への別のアプローチがいくつも試みられている。自由平等主義は、その先鋒だろう。人間一人ひとりを特別な存在として捉え、その権利を尊重することを中核に考える。

一人ひとりが特別な存在であるから、たとえば「全体の利益のために誰かが犠牲になるべきだ」といった考えは否定されることになる。その地に空港を造ることが全体として大きな利益を生むとしても、そのために長く親しんだ土地を心ならず離れる羽目になる人などが現れてはいけないと考える。

　また、特別な存在としての個人を尊重するのは、事前に確定することができる。「人は特別な存在だ。だから思想・良心の自由を侵害してはならない」、「死刑にしてはならない」は、何かの結果を参照しなくても、導くことができる。これは、「〇〇のほうが、××だけ得（のはず）だから、〇〇の選択をしよう」と発想する功利主義と比べて際立っている。功利主義は「後から考えると、あの決定は間違っていた」ことがあり得るが、自由平等主義にはそれがない。

　近年の共生教育や混合教育（他にもインクルーシブ教育など色々な呼び方があり、それぞれに定義も存在するが、多くの機関が割とごっちゃに使っている）にも、自由平等主義は大きな影響を及ぼしている。

　一人ひとりは特別な存在なので（障害者はそこに含めてもらえないことも多かったが、近年は「特別な存在」の枠が広がっている）、教育制度一般から除外されてはいけないし、その能力を最大限に発達・発揮させて社会に参加できるしくみを整えようとするのである。基本的には、健常児と障害児ができるだけ同じ場で学ぶ方向を目指している。

　親の立場で考えると、「有り難いなあ」とは思うのである。ぼくの子も幼稚園で、イベントなど外部の人の目につく機会には出席を控えて欲しいと言われたことがあるし、特別支援教育では算数・国語や生活にカリキュラムが偏りがちである（表記上そうではなくても、運用でそうなっていることが多い）。

もちろん、全体のキャパシティを考えれば、生活に即必要になってくるお金の計算や、最低限の漢字を読めるようにするのは、誠実な教育の態度だと思う。でも、自閉スペクトラムの子は、地図マニアだったり、生物フェチだったり、社会・理科こそが好きな科目だったりすることも多いし、社会生活を送るに当たって地図くらいは練習しておくのがいいのではないかと思う。就学期間や就学体験も限られる中で、できるだけイベントなどの経験も積ませてやりたいのが人情である。

そう思うと、健常児と一緒に4教科・5教科の授業やイベントに参加させてもらえるのは、有り難いのだ。

でも、全体の利益を考えると、歪みを生みかねないやり方だとも思う。

先にも述べたように、健常児のクラスに障害児を混ぜることは、健常児の教育効果を削ぎかねない。教員の立て方にもよるが、障害児にとってもS／T比が悪化してこれまた教育効果を削ぐ可能性もある。健常児が障害児に触れること、障害児が健常児に触れることで、精神的な成熟が得られる効果もあるだろうが、比較考量するのは難しい問題である。

また、人は必ず同じ属性の者同士で群れる。身も蓋もない話だが、ぼくの専門分野であるインターネット上での人の行動は、確実にそれを示している。だから、同じ属性の人同士で閉鎖空間を簡単に構築できるSNSに、みんなあれだけ時間を使うのである。

この行動特性は、学校のクラスでも同様だろう。健常児と障害児は、やはりとても違う。一つのクラスにまとめたところで、行動単位としては健常児のクラスタ（集合体）と障害児のクラスタに分かれるだろう。それが自然である。

この原則を無視して、両者を強引に混ぜるようなクラス運営をすれば、特定の健常児に大きな負担を強いるか、教員の見えないところで障害児がいじめられるようなインシデントが容易に発生するだろう。

このやり方がダメとは思わないが、よほどの覚悟と準備がないとできないクラス運営方法で、現時点での取り組みを見ると、「よほどの覚悟と準備」をしている機関はあまりなさそうなのである。

少なくとも、教育の現場では実利を無視することはできない。理念だけで導入して、子どもたちの（それが健常児であれ、障害児であれ）教育効率を大きく下げるようなことがあってはまずい。これは、自由平等主義全般が批判されるポイントでもある。

共生教育の考え方（3）――完全自由主義

前節の自由平等主義（リベラリズム）に対して、リバタリアニズムという主張も存在する。完全自由主義や自由至上主義の名称で覚えている人も多いと思う。どっちも「自由」を謳っているが、両者の言っていることはだいぶ違う。

完全自由主義のほうは、中学校の社会で習ったロックを起源としている。ロックは『統治二論』（なつかしい）の記述を読んでもわかるように、やたらと労働と価値に重きをおく考えだった人だ。ようは、「俺が働いて得たものは、全部俺のものだぜ」である。迫害と亡命を経験しているので、そんなふうに思ったのかもしれない。

なので、完全自由主義においては、国家からの干渉を極端に嫌う。あくまで個人が至上なのである。むしろ国家はいらないと考えていたのかもしれないが、それだと窃盗や殺人が発生したときに、犯罪者の権利が強くて捕まえられないかもしれない。だから個人は自分の権利を一部手放して、政府と契約し力を付与する。あくまで最低限の力である。

個人を尊重するのは自由平等主義も同じだが、尊重の度合いが違う。たとえば、自由平等主義のもとでは、個人が自由に仕事をしてお金を稼ぐが、あんまり稼ぎに差が出たら平等のためにそれを再配分しようとする。累進課税をしてお金持ちから多めに税金を取り、あまりお金を持っていない人に行政サービスを手厚くするような施策が典型的だ。

完全自由主義だと、これは我慢ならない。ロックはしぶちんである。なんで自分が頑張って働いて得たお金をぶん取られなければならないのか。自由な競争の結果なのだから、そのお金は自分に帰属するのが当然と考える。

もちろん、完全自由主義の人たちも公平な競争は重視する（公平な競争はなかなか難しい議論である）し、公平性を担保するために政府の介入も認めるのだが、ひとたび公平な競争の結果が出ればそれは受け入れるべきで、格差は自助努力で解決すべきだと発想するのである。

これが転じると、個人の意思の帰結であれば、遺伝子操作をして知力や容姿を優秀に書き換えたデザイナーズベビーをもうける権利も、高速道路で気にくわない車を煽る権利も、電車のドアが開いて人の流れが発生するけれども絶対に自分が立っている場所からどかない権利も、取り敢えず主張できそうな気になる。

実際、完全自由主義はインターネット文化ではなかなか人気が高い。もともとインターネット上のコミュニティは、商業利用解禁以前から公権力に何か言われるのを嫌う風潮があったので、親和性が高いのである。

ぼく自身、インターネットにどっぷり浸かって生きてきたし、日本をはじめとする先進国はルールでがんじがらめになっていて、生きづらいなあと思うことが多いので、完全自由主義に魅力を感じないではない。

ただ、完全自由主義の前提になっている「公平な競争」は実現することが難しいし、どこまで実現すべきなのかもよくわからない。たとえば、完全に公平な競争のもとに今の地位を勝ち取ったと考えている人たちも、実際に努力はしただろうけど、両親の資金力でいくつも予備校のサービスを享受できたからかもしれない。同じだけの能力を持ち努力を投じ、でも予備校などには通うことができず、結果として成績に差がついた人などごまんといるだろう。

ぼくだって、１９８０年代において、当時の十代としてはたぶん優れたプログラミング能力を持っていたと思う。アセンブラが書ける小中学生はあまりいなかった。そのために努力もした。でも、それが公平な競争の結果だったとは思わない。あの時代にパソコンを買ってもらえた小学生は多くなかったからだ。その時点で、すでに「差」はある。

差をどう考えるか、どこまで自分の責任なのか、親が持っている差は自分の差なのかは、実際のところよくわからない。障害児のこともそうだ。健常児と「公平な競争」をしたら、障害児はことごとく負けるだろう。そして、何物をも得られず、本人としては不満のある生活をすることになるだろう。

それを公平な競争の結果と受容するのか、障害児として生まれた時点で差があるのだからなんとかしてくれと言えるのかは、実は現在の先進国社会全体を覆う問題に帰結するのだと思う。

自閉症と式典は相性が良くない

日本の学校は式典が多い。

式典の前は緊張する。自閉症と式典は食い合わせが悪い。少なくとも、ぼくの子はそうだ。ここまでに自閉症の類型に触れてきた。他の人と感覚がずれていたり、うまくやり取りできなかったりすることは共通していても、「うまくやれない」の方向性はけっこう違う。

1．他人にまったく興味がなく、自分の世界に没頭してしまう（なんにも言うこと聞かない。耳に入ってない）。
2．他人にまったく興味がなく、言われたことに何でも従う。
3．他人に興味がありすぎて、関わりたくてしょうがない（変な関わり方をする）。

ぱっと見ただけでも、だいぶ違いそうである。式典に参加するに際して、2の子をとても羨ましく思う。っていうか、2は就学でも就労でも得だと思う。

多様性とか、自分で考える力とか色々いうけど、やっぱり寡黙で従順な新入社員の潜在需要はとても大きいと感じる。十分に能力の高い、定型発達の大学院生にだって本音ではそれを求めている企業は多い。突拍子もないことをしでかすよりは、おとなしい子のほうがずっと安心して仕事を任せられる。

一般的な傾向として、3の子が能力が高いと主張するお医者さんもいるので、2の子にも大変なことは色々あるだろうし、実際に大変な現場をいくつも見ているけど、いいなーとは思うのだ。

ぼくの子は残念ながら、2の特性にはかすったこともなかった。多くの時間を1として過ごし、たまに3が混じるようなイメージである。空気を読む能力が重要視される日本社会では最悪の表出の仕方である。

もっとも、産業構造が変化して、古典的な肉体労働、頭脳労働ではなく、感情労働的な働き方がどの業種でも要求され、学校でもそこへ向けての備えをする今、自閉の子はたぶんどの世界でもつらいのだ。近年、学校が子どもの「生きる力」を醸成するために用意しているメニュー、たとえばアクティブラーニングに参加するのは嫌だと思う自閉の子は多いと思う。能力の優劣というよりは、そのやり方に向いていないのである。

なので、ぼくの子は式典などのかっちりしたアクティビティに参加できないことも多かった。ぼく自身も式典というか、いっそイベント全般が苦手で、大雨で遠足が流れると大喜びしたし、忌引きで卒業式に出られなかったりすると歓喜を抑えきれないような子だったので、どうしても式典に出なきゃという気持ちは皆無なのだが、本人が出るつもりでいて出られなくなるのはかわいそうだなと思った。

最初から出ないと思っているのと、出るつもりで出られないのはだいぶ違う。ぼくの子が通った幼稚園では、これでかなり嫌な思いをした。自分の子が式典向けではないのはよくわかっているので、「能力的にまだ無理かなと思うんですけど」とこちらから提案するのだが、そこの園長さんが割と「そうはいっても仲間なんだから、一緒にやりましょう」という人だったのだ。

でも、式典の練習をして、本人もモチベーションを高めていると、やっぱり当日何かあって問題になったり、責任を追及されたりするのが不安になるのか、「やっぱり自粛くださいますか？」と前日や当日の朝に言われる。これがけっこうあった。

出られないこと自体はいいのだ。能力的に厳しいのは百も承知だし、厳粛であるべき式典を他の子の奇っ怪な行動で邪魔されたら、他の出席者のご両親が立腹するのも当たり前である。でも、突然のキャンセルはつらい。

予め出ないとか、出席したけどやっぱりもぞもぞしてるからつまみ出されるなら本人的にも納得できるのだが、何にもしてないうちから「やっぱり今日はやめておこうか」と弾かれてしまうのは、感情に疎《うと》そうな自閉の子であっても堪えるのである。それなら、最初から無理だと言ってくれたほうがずっと良かった。

また、シャドーの導入は式典のときにもとても効くのだけれど、まだまだ認めてくれない幼稚園や学校が多いのは、ちょっと残念なことである。

そんなことが続いたので、その幼稚園からは1年ほどで転園してしまった。今思い返しても、やっぱりあまりいい想い出ではない。

お子さんが障害をお持ちのご家庭は、自分の子にも色々な経験をさせてあげたいなあという思いと、他の子に迷惑をかけちゃ悪いなあという思いの狭間で逡巡する場面が多いと思う。どちらを選択するかは状況によるが、後悔のないように、そして一度決めてお子さんのマインドが定まった後で急に変更しないように選んでいただければと思う。

特別支援学級でもプログラミング教育をやって欲しい理由

２０２０年から小学校でプログラミング教育が必修化された。

当たり前といえば当たり前といえるのだろうけど、特別支援学級や特別支援学校のカリキュラムにおいては、その限りではない。

まあ、確かに。

普通級だって、どんなふうにプログラミング教育を行えばよいのか、本当にちゃんとやれるのか、まだまだ混乱の最中にある。猫の手も借りたいような状況で、特別支援教育にまで手を出していられない状況であることは、とてもよくわかる。

念のために解説しておくと、今回のプログラミング教育必修化は、20世紀から連綿と続けられてきた「生きる力」を身につけさせようという試みの延長線上にある。

詰め込み型の知識偏重教育では、多様化し、グローバル化が進み、競争が激化する社会を生き抜けない。だから、論理的思考能力を軸に生きる力を！　ということで、ゆとり教育やＰＢＬ（問題解決型学習）やアクティブラーニングが行われた。

結論からいうと、どれもあんまりうまくいかなかったのである。

そこで今回出てきた次のカードがプログラミング教育である。

２０２０年のプログラミング教育必修化では、小学生にプログラミング言語を教えることを主眼にしていない。あくまでも、その辺はとっかかりで、プログラミングを通して次のような力を身につけさせるとしている。

- 複雑な情報を読み解く
- 解決すべき事柄の発見
- 解決の方向性の提示
- 多様な他者との協働
- ＩＴの積極的な活用

最後の「ＩＴ」はともかくとして、他は「生きる力」とか「考えさせる教育」、「論理的思考能力」「問題解決能力」などで言われていたことと一緒である。目的は同じで、そのためのツールが変わったということだ。

最近、この問題に取り組んでいたツールとしては、アクティブラーニングがあったが、あれは親も子も負担が大きいし、楽しんで取り組める子ばかりではない。コンピュータを使ったプログラミングであれば、喜んで取り組んでくれるのでは？　といった思惑も見え隠れする。

その是非は別の本で書いたので、詳細はそちらに譲るが（『プログラミング教育はいらない』光文社新書）、コスト的に無理だろうなあと思いつつ、特別支援教育でもやって欲しいと思ってしまった。

自閉スペクトラムの子は、人とは違う経路やメカニズムで情報が入ってきて、そして出ていく。そりゃあ発語は遅れるだろうし、コミュニケーションは苦手だろう。でも、この場合、入出力機構は止まっているわけではなく、歪んでいるだけである。

だから、コミュニケーションの方法を変えれば、あるいはコミュニケーションの相手を変えれば、機能する場合がある。

で、自閉の子は、人間相手のコミュニケーションは苦手でも、コンピュータ相手のコミュニケーションは得意である子も多いと思うのだ。

ぼく自身がそうだった。ぼくはセリフが一つしかない学芸会を回避するために、ありとあらゆる仮病テクニックを駆使するような小学生だった。もちろん、人前でしゃべるような授業・イベントは戦略的にかつ全力で回避した。人との意思疎通がうまくなかったし、苦痛だったのだ。

でも、コンピュータとの意思疎通は快適で、楽しかった。

プログラミングというと、引きこもって一人で行う孤独な作業のように思われるかもしれないが、あれは一種のコミュニケーションだ。

コンピュータにやって欲しいことを、コンピュータの立場に立って、コンピュータの考え方に準じて、コンピュータがわかる言語で書く。それがプログラミングである。見事なまでにコミュニケーションだ。

人とのコミュニケーションは苦手でも、コンピュータとのコミュニケーションは得意だったり、人の考え方はうまく理解できなくても、コンピュータの考え方はすんなり理解できたりしてしまう子は確実に存在する。そして、そのクラスタの中に、けっこう多くの自閉圏の子が含まれている気がするのである。

ぼくは、10歳のときに自作のプログラムが雑誌に掲載されて、はじめてこの世界に自分の居場所を見つけたような気になれた。ＩＴ業界を見渡せば、すました顔で仕事をしているが、「明らかにぼくと同類ですよね」という人にぽこぽこ出くわす。

現代社会はコミュニケーション能力の高い人が賞賛され、就職時にも優遇される。個の多様性が増し、コミュニケーションコストが社会全体で高くなっている状況では、これは必然的に生じる構造である。だから、自閉スペクトラムの子であっても（苦手な）対人コミュニケーションの訓練がたくさん教育メニューに入っている。

もちろんそれは継続するべきだ。あったほうが生きやすくなる能力なのだから。

でも、対人コミュニケーションが苦手でも、コンピュータ相手のコミュニケーションで食っていってもいいと思うのだ。発達障害と認定される子が増加の一途を辿り、その子たちが将来生活保護を受ける人になるのか、それとも生計を立てる道を得て税金を払う側の人になるのかで、この国に与えるインパクトはかなり変わってくる。

ぼくは、自閉スペクトラムの子にも、できれば何か楽しい仕事を見つけて、税金を払う側の人になって欲しいと思うし、その受け皿としてＩＴ業界が機能するのであれば、こんなに嬉しいことはない。

そう考えるにつけ、「ああ、特別支援教育でも、ちょっとでもいいからプログラミング教育をやって欲しかったなあ」と思ってしまうのだ。

ｅスポーツをうまく活用できないか？

ｅスポーツがけっこう好意的に取り上げられる機会が増えた。

やはり、アジア大会でデモンストレーション競技に採用されたのが大きかったのかもしれない。

物心ついてからずっとゲーム漬けだった人間からすると、感慨深いものがある。昔、ゲームは後ろ指さされたり、こそこそしながらやったりするものだった。

まあ、今でもその傾向は残っているし、特定のコミュニティの中では、たとえば「真っ当な人間はＳＮＳなんかやりません」と高らかに宣言する人などもまだたくさんいるが、それでも隔世の感がある。

ｅスポーツを体育の代わりとして運用していいかどうかはちょっと置いておくとして、ｅスポーツに色々な可能性があるのは事実だ。

スポーツは高度なコミュニケーションを要求されるが、コミュニケーションが苦手な子もいる。そうした子でも、積極的に参加できるし、チャット機能を使うことで活発なコミュニケーションまで行うこともある。

身体的ハンディキャップがある子でも、ｅスポーツなら、仲間とスポーツに参加できる。ご高齢の方のリハビリテーションにも使われているし、世界レベルの選手と同じグラウンドに立つことも可能だ。

リアルスポーツだと、レベルの違いすぎる選手とプレイすることはエキシビションとしてもなかなか厳しい（参加機会の面でも、リスクの面でも）が、eスポーツでは比較的実装しやすい。

スポーツの機会均等を実現する上でも、eスポーツが有用だとする議論もある。たとえば、ある国ではモータースポーツとサッカーが盛んだ。そして、子どもたちは自分が参加するスポーツを選ぶとき、自分の好みではなく、お金があるならモータースポーツを、ないならサッカーを選択する。

資金力の格差は、選ぶスポーツの格差に直結する。

だが、eスポーツなら、比較的安価に色々なスポーツに触れることができる。少なくとも、モータースポーツに参加するよりはずっと安くすむ。ぼくもレーシングカートが大好きだが、あれは高い。

ほんもののスポーツとは質が違う、という批判はあるだろう。

ぼくは空戦ゲームはかなり得意なほうだが、ほんものの戦闘機に乗ったら間違いなく秒でブラックアウトする。なんなら二度と息を吹き返さないだろう。

でも、中にはリアルと仮想を越境する人もいる。ｅスポーツのレーシングゲームで頭角を現し、リアルのレーシングチームのシートに手をかけた人もいる。

ｅスポーツがなければ、この人の才能は開花しなかったであろうから、成功事例の一つといっていいと思う。

で、それなら発達障害の子に使えないだろうかという考えが出てくる。自然な発想だ。コミュニケーションが苦手でも参加しやすいし、チャットなどの、視覚が大きな割合を占めるコミュニケーションツールなら使いこなせる子も多いのだ。

身体的障害を併発している子も混ざっていけるし、何よりも他の参加者に迷惑をかける度合いが、ゼロとはいわないがかなり小さくできる。

保護者や支援者としては、とても気になるところなので、社会やコミュニティへの参加の新しいルートとして活用できるかもしれない。

だが。だが、である。

良い面がありつつも、実際に発達障害の子をeスポーツに参加させるときには、かなり慎重になったほうがよいと思う。発達障害と情報システムの親和性の高さは、今さら言及するまでもないかもしれないが、親和性が高すぎるのである。

対人コミュニケーション能力が低く、世界がクリアに見えない特性を持っている子にとって、コンピュータは魅力的すぎる。

ふだんの友だちとの付き合いでもやもやした気分をいつも抱いている子が、自分の思い通りに動き、駆動原理を明解に理解できるモノに接した嬉しさを想像してみて欲しい。長年探し求めた運命の人に出会ったくらいのインパクトはあるのだ。

ぼく自身が、楽しみにしていたビッグタイトルがリリースされると発売日に即買いし、エンドロールを見るまで48時間でも72時間でも無補給ぶっ通しでプレイし続けるタイプだったので、とてもよくわかる。一度あの世界に潜ると、現実に帰ってくるのは苦痛になる。

ぼくはたまたまその世界の延長で職を得たが、みんながみんなこの世界で職や居場所を得られるわけではない。単に現実嫌いを助長するだけになってしまうかもしれない。どちらに転ぶかは運に依存しすぎて、ギャンブルである。

だから、自制心が十分に育つまでは（それは、定型発達の子よりだいぶ遅れる）、メリットも多いこのツールを、ちょっと遠ざけておいたほうがよいと思うのである。

4　コミュニケーションというやっかいなシロモノ

コミュニケーションの困難

自閉スペクトラムの子は、コミュニケーションが不得手である。

そう言われてもピンとこないと、よく言われる。

確かに、「しゃべれないんですか?」と問われたら、「そうでもない」という答えになるし、「ものの名前とかわかりませんか」と聞かれれば、「割とわかってる」と返答するだろう。

しかし、「じゃあ、いいじゃないですか」と結論されると、やっぱりなんだか違うのである。

身近にありそうな例でいこう。『サザエさん』(姉妹社版)で出てくるやつ。

「おなべを見ておいて」

「わかった」

一見、スムーズな会話である。しかし、鍋は吹くのである。

「見ておいてって言ったじゃん！」

「だから、見てたよ」

違う！　そうじゃない！　と全力で言いたいやつである。

もう一つあげてみる。

「この車を、山の向こう側まで移動させてよ」

簡単な課題である。親としては、迂回経路を見つけて欲しいのだ。

「こうかな？」

「山を崩しちゃダメなんだってば！」

なんていうんだろう、間違ってはいない、間違ってはいないのだ。

だから、ダメだというのは心苦しいのだけれど、社会生活を送る上ではやっぱりダメ出しせざるを得ない、そういう噛み合わなさがあるのだ。

プログラミングをされる方は、プログラムを作るときのことを想像するといいかもしれない。プログラムはコンピュータに対する指示・命令の集まりだけれども、一筋縄ではいかない。

指示するのに使う言葉が、日本語とプログラミング言語で異なることも原因だが、それ以上にものの捉え方や考え方が全然違うのである。

人間は数を数えるときに10をひとまとめにすると都合がいいけれども（10進数）、コンピュータにとって数えやすい、都合のいい数は2である（2進数）。

友だちに水を持ってきてくれと言えばそれで通じるけれども、同じことをコンピュータにやってもらおうとしたら水とは何かを定義することから始めなければならないだろう。コップに入れるのか、虫取り網ですくってくるのかすら指示しなければならない。プログラミングとはほとんど異文化コミュニケーションである。

だから最近、「プログラミング教育をすると何が身につくんですか？」と問われたとき、「コミュニケーション能力です」と答えることにしている。

理由は幾つかあって、プログラミングをしているような人はコミュニケーションとは無縁な生活をしているのだろうと思われているので何か言い返してやりたいのが一つと、チームでプログラムを書いたりするにはコミュニケーション能力が必須なので力がつきますよとかいう無難なのが一つである。

でも一番大きな理由は、自分と違う考え方やものの捉え方をする存在があることを認識し、認め、疎通しようと試みることがコミュニケーションなんだと思っているからだ。

コンピュータは得体の知れない他者である。感情もないし、それこそ数の数え方からして違う。でも、意思疎通できない相手ではなくて、コンピュータの流儀や道理に適っていれば、ちゃんと思った通りに動いてくれる。

これって、立派なコミュニケーションだと思うのだ。

だから、小学校でプログラミング教育が必修化されたのには、ちょっと期待している。実際にどのくらいそうなるかはわからないけれど、自分と違ったふうに考える人や、ものの見え方をする人や事物があることを想像できるようになるといいなあと思う。

グローバリゼーションが進む中で、様々な背景が異なる人と話したり働いたりする機会はどんどん増えるだろう。そのときに、自分と違う人とやり取りするのを嫌だなあと思うのではなく、まあそういうこともあるよねと楽しめるようになったら素敵なことだと思うのだ。

で、その先に自閉スペクトラムの子とコミュニケーションが取れる未来があったらなあとも思う。違うロジックで動いてはいるけれども、ロジックがないわけではないのだ。

モテ・非モテ

ところで、自閉症の子は異性にもてない。

当たり前といえば当たり前である。恋愛などというものは、コミュニケーションの極北であって、定型発達の子であっても悩んだり苦しんだりするものである。

4月に入学したばかりの大学生だって、ゴールデンウィークには恋愛の悩みで学校に来なくなっている。うん、たださぼっているだけかもしれないけど。

他人に興味や視点がいかないので、恋愛の相手としてこの上なく不適切である。お見合いの最中に、食事の匂いでそわそわし出して、相手をおいてけぼりにして様子を見に行ってしまったのはシューベルトだっただろうか。とにかく、そんな事件が頻発するのは請け合いである。

ぼくの子も、まったくもてない。

たぶん異性に、外見ではねられているわけではない。幸か不幸かぼくの子は家族の誰にも似ておらず、街を歩いているときにモデル事務所に何度も声をかけられた前科がある。黙っていたら、そこそこもてそうな感じなのである。古い文献で（科学的根拠には乏しいと思う）自閉症の特徴として、「哲学者のような風貌」とか「いつまでも若く見える」などと記したものがあるが、それに当てはまる感じだ。

でも、ちょっと会話の弾みで「セアカゴケグモが……」とでも言ってしまおうものなら（しまったと思ったときには、もう遅いのだ）、「節足動物門クモ綱クモ目ヒメグモ科のセアカゴケグモだよね？　メスはオスの2倍あって、特定外来生物で……」と30分は聞かされる羽目になる。そんな相手とはデートどころか、朝の挨拶だってしたくはないだろう。

もっとも、自閉症の子はそれが男の子でも、女の子でも（自閉症は圧倒的に男の子に発現する障害である。そもそも、人の話を聞かなかったり、自分の好きなことだけに熱中したり、相手の気持ちを慮《おもんぱか》れなかったりと、なんだか男性にとって耳の痛い症状が特徴的な障害である。男の子に親和性が高いのもうなずける）、興味の対象が限局されているので、異性にまったく関心がない子も多い。関心がなければもてなくてもまったく苦にならないだろうから、それが不幸せかどうかはわからない。

むしろ、もてないことで、人と関わりを持つ機会が減って喜ぶ子すらいるだろう。

ぼく自身、異性としての二次元女子は好きだが、リアル女子には関心がない。オタクと発達障害の親和性については、いつか必ず書こうと思っているが、それは別の機会に譲るとして、芯から二次元女子が好きなオタク（男性の。女性のことはよくわからない）は多いと思う。よく、「リアル女子に相手にされないから、代用品として二次元女子に流れてるんでしょ?」と言われるが、そうではなくて単純に二次元女子∨リアル女子なのである。

自閉症の子は空間認識能力が低いことがあるので、リアル女子のような複雑な形状は手に余るのかもしれない（この仮説はいつか検証してみようと思う）。二次元女子の美しさは理解可能なのだが。

発達障害を発現する子が増加傾向にある今、このトレンドは続くかもしれない。ぼく自身は前から「恋愛市場において、リアル女子はそのうち本気で二次元女子と戦わなければならなくなる」だの、政治家に会う仕事があると「人口は今後ずっと減っていくでしょうが、二次元女子との婚姻をオタクに認めてそのぶん住民税を徴収すれば納税人口は増やせますよ」だの言ってきたので、トレンドの構築に加担している側である。

それは極端にしても、ＬＧＢＴＱ＋と同列くらいのイメージで二次元キャラクタを愛情の対象とする人の認知が進むかもしれない（まだこの系列の中には入れてもらえていない気がする）。

とはいうものの、ふつうに体温を持った人間を好きになる自閉症児もたくさんいるし、傾向として二次元キャラクタや動物やモノを愛する子でも（そういえば、世界にはペットと結婚した人や、壁と結婚した人もいた。あれは自閉症ではなさそうだけれども）、何かの弾みで異性（別に同性でもいいのか）を好きになるかもしれない。

そもそも自閉症児は定型発達の子よりも楽しみが少なかったりするので（重い子だと食事だけが楽しみという子もいる。だから重度の子を持つご家庭は、せめて食事だけでも摂れるように偏食回避の訓練などに注力する。自閉症はこだわりや知覚過敏が強いから、極端な偏食になる子も多いのである）、その恋愛の記憶が、たとえ成就《じょうじゅ》しなくても、良い想い出になるといいなあと思うのである。

ぼくも、ちゃんとした人間の女の子を好きになったことがある。

あのときほどイケメンを羨ましく思ったことはない。ぼくは残念ながら哲学者のような風貌どころか、典型的なちびでぶコミュ障だったので、クリスマスもバレンタインもすべて他人事か絵空事のように思っていたし、それでまったく構わなかったのだが、あの一瞬だけは自分がまともな外見や性格を持つ人間だったらなあと、切に思ったのである。

いじめへの対処の仕方

自閉傾向の子といじめは、たぶんとても関係が深い。

というのは、現在の学校における児童・生徒の序列は、おそらくコミュニケーション能力によって決まるからだ。

現代ほどコミュニケーション能力が求められる時代は、過去になかっただろう。

ものすごくざっくりした言い方だが、いわゆる西側先進国の社会は戦後、「大きな物語」を持つ社会からポストモダン社会へと移行した。

大きな物語的な社会は、価値観のレンジが狭い。たとえばかつては、結婚はする、子どもを何人か持つ、マイホームに住まう、55歳まで働く、といったことは所与の条件で、議論するまでもない正義だった。

そのレンジの中で、子どもは男の子がいい・女の子がいい、あるいはマイホームは一戸建てがいい・マンションがいいといった「個性」が許されていた。

そこに反発する人ですら、「子どもを持つのが当たり前」として、その前提に逆らう自分という形でアイデンティティを確立していた。大枠の正義はとってても強固でゆるがなかった。

時代が下って、これがポストモダン的な社会へと移行した。個の尊重や思想信条の多様化が特徴だが、一言で表すなら価値観がばらけた。結婚はしてもしなくてもかまわないし、子どもを持つかどうかもわからない、必ずしも異性を愛さず、なんなら無体物を愛してもいい。お金を稼ぐ人や権威ある人が偉いわけではない。

どちらの社会にも一長一短はあると思う。

大きな物語的な社会はとても息苦しい（やたらとお見合いを持ち込んでくる親戚や、妙に人の家の中を詮索したがるご近所さんを思い浮かべて欲しい）、しかし拘束がきついからこその安心感や連帯感はある。

ポストモダン的な社会は自分の好みに応じて、自由にマイペースで生きることができる。でも自己責任という言葉に代表されるように、自由は代償として孤独や責任を求める。

個人的には後者のほうが好きだ。ポストモダン的な社会の風通しを知ってしまうと、前者には戻れない。前者に対してノスタルジーを感じる人も、実際に戻れと言われたら躊躇《ちゅうちょ》するのではないだろうか。

そもそも四六時中コンピュータをいじくり回して夜も寝ないオタクのような類型の人間は、ポストモダン的な社会でないと発生しにくいのだ。

では、現在の世の中でオタクは万々歳かというと、そうでもない。自閉傾向の子にとってもそうである。自閉傾向の子など、ポストモダン的な社会にとても向いていそうだ。「みんなちがって、みんないい」の社会なのだから、生きていく場所を見つけやすそうである。

理想としてはそうなのだが、現実はそうはなっていない。コミュニケーションの問題がつきまとうからだ。前者の社会から後者の社会へ変遷して、何が一番変わったかといえば、コミュニケーションコストの高騰に尽きる。

以前は、久しぶりに会う親戚には、「ご結婚はまだですか?」などと言っておけばよかった。秒でひねり出せる定型文である。

しかし、今そんなことを言えば、まごうことなきセクハラでありパワハラでありモラハラでもあるだろう。現時点で、誰も傷つけない発言をするためには、自らの能力を結集し、相手の思想信条・性癖・コンプレックス・社会的地位・収入・家族構成などから最善の一手を導き出す必要がある。密度の高い地雷原を歩くようなものだ。

だから、ここ数十年、企業が新卒の学生に求める能力は「コミュニケーション能力」であり続けている。「えっ、あんなに色々頑張って教えたのに、大学の成績とか見てくれないんですか」とは思うものの、実際問題として今を生き抜くためにはコミュニケーション能力が最重要なのは間違いがない。

そして、自閉傾向の子の主訴は、コミュニケーション能力の欠落である。

今の教室では、みんな高騰するコミュニケーションコストに疲弊して、児童・生徒のキャラ化が進んでいる。40人教室なら、40人ぶんのキャラが用意されていて、クラスがえが行われた最初の1～2週間の振る舞いで、誰にどのキャラが割り振られるかが決まっていく。

これは、コミュニケーションコストを抑えるための、児童・生徒なりの工夫だと思う。一人ひとりの性向を把握しているほど、みんな暇ではない。でも、類型化されたキャラであれば、「この人に何を言っていいのか」、「自分はどんな発言を求められているのか」は、とてもわかりやすい。また、キャラであれば、傷つくようなことを言われても、「あれは自分のキャラに対して言われたことで、自分自身についてではない」とアイデンティティの危機を回避することもできる。

教室のキャラ化自体は、そのような工夫であるといえるのだが、これの何が問題かといって、誰にどんなキャラが割り振られるのか、キャラ間の上下関係はどう構成されるか（いわゆるスクールカースト）が、ほぼコミュニケーション能力に依存している点だろう。

勉強ができたり、スポーツができたり、良さそうな特性を持っていても、コミュニケーション能力がなければ下位層のキャラに甘んじることになる。

多彩なキャラの中には、いじめられるキャラも用意されていて、それが割り振られるのは最もコミュニケーション能力が弱い子に他ならない。クラス内に自閉傾向の子がいれば、いじめられるキャラが降ってくる可能性は高くなる。

だから、今の教室におけるいじめの構造は、変わった子がいていじめられて、ではその子が転校すればクラスが平和になるといったたぐいのものではない。その子がいなくなれば、空席になったいじめられるキャラに、別の誰かが割り当てられることで教室の日常は円滑に運営されていくからである。

残念ながら、この問題に対して冴えた解決策を持っているわけではない。社会構造やそれを覆う情報構造を通じて、こうした問題を解決するのが、ぼくの勉強している分野のテーマの一つだけれど、まだＳＮＳの炎上問題すら満足に解決できてはいない。一生をかけて取り組むべき課題なのだと思う。

万人に効くものではないが、自閉傾向の子特有の、人の気持ちになかなか気づかない特性を逆手にとって、カーストの序列からはみ出してしまうのは効果的かなと思う。

いじめは、されている人がそれに気づかないとさっぱり面白くない（それでエスカレートすることもあるので、一般化するのは危険だけれど）。すると、先ほどの例でいえば、クラス内でも処置に困ってカースト外というキャラが与えられることがある。

たとえば、ぼくが新入社員のときチームでお茶に行って、ぼくのアイスコーヒーだけストローがちょうちょ結びされて、飲めないようになっていたことがある。

確かにすすっても全然コーヒーが口に入ってこないのだが、ぼくは「まあ、そんなこともあるかもしれない」と放っておいた。

するとまわりの人に、「それ、飲めてるの？」と聞かれ、「いや、全然ですね」と答えたら、実に残念そうな視線が集中した。

これはいじめじゃなくて、ちょっと変な新人とコミュニケーションのきっかけを持ちたかったのだろうけれども、ことごとくすべてのフラグを折ってしまったのだ。その後、こいつをいじってやろうというモチベーションは、とても下がったようである。

重ねて言うが、万人におすすめできる手法ではない。ぼくも意識してやっていたわけではないし、中には「カースト外になるくらいなら、まだ『いじめられるというキャラ』があったほうがいい」とこぼす子もいる。そんなこともあった、というだけの話だ。

大学にも発達障害の子がたくさん入ってくるようになった今、少なくとも自分の目の届く範囲では、居心地のいい場所を提供できるように努力していきたいと思う。

引きこもりになりがち？

「自閉スペクトラムの子は、引きこもりになりがちである」

「いや、むしろ自閉＝引きこもりだ」

よく聞く箴言《しんげん》である。

結果だけを見ると、まあ事実に近いところをかすっていると思うのだが、けっこう誤解もあると思う。

まず、自閉の子はコミュニケーションが苦手である。というか、変だ。

　コミュニケーションに困難を抱えていることが自閉症スペクトラム障害の成立要件を構成しているのだから、これは当たり前である。

　でも、「コミュニケーションが苦手」には色々ある。語感と字面からいって、人が嫌いっぽいな、引きこもっちゃうのかな、と想像の翼が羽ばたくのは想像に難くないが、人が大好きな自閉の子もざらにいる。

　人が好きすぎて、いついかなるときも話しかけちゃうとか（定型発達の子は、一定年齢以降はまあやらない）、パーソナルゾーンにしゅるりと侵入して妙に近い距離で話してしまうとか（定型発達の子は……以下同文）。

　これらは人嫌いや引きこもりとは相反する性質だけれども、「コミュニケーションが変」なのだと覚えておけば、そんなに違和感なく自閉症を理解できるのではないだろうか。だから、自閉症と聞いて連想するキーワードが「引きこもり」ではなくて、「コミュニケーションが変」になるといいなあと、ちょっと思っている。

ぼくの子の場合は、人の負の感情が苦手だ。

負の感情といっても、平将門とか番町皿屋敷とかそんな大それたものではなくて、人のちょっとした苛立ちとか、その予感がするとか、そんなものがダメである。

「ドラえもん」が怖くて見られない子どもというのは、そんなに多くないだろう。自閉の子だってふつうに見ている。

でも、ダメだ。途中で逃げ出す。

のび太が友だちにからかわれるとか、ママに怒られるとか、実際にはまだひどい目にはあってないけど、どうやらそんな予感がするとか。

そういうシーンになると、ぷいっと部屋を出ていってしまう。

最初は何が気に入らないのか、わからなかった。大人の目には、どうってことない、極めてふつうのシーンである。

やがて、ああ負の感情がダメなのかと気づいたときには、説得を試みた。

「物語というのは、文学者が研究し尽くしていくつかの類型にまとめているよ。主人公は、途中で必ず困難にぶち当たるものなんだ。そういう構造にしないと作家さんは筆が進まないし、話も面白くならない。しばらく待ってれば、ちゃんと納得のいくオチがつくよ。特に子ども向けはそうなってる」

こんな言説を弄して自閉っ子を説得しようとするぼくも阿呆である。懐柔は失敗した。おかげで、親子で安心して見られるコンテンツはとても限られたものになっている。「サザエさん」はだいぶ安定して視聴できるが、カツオの怒られる予感には弱い。

ぼくの場合は、人がいるところが嫌だった。

引きこもり系に親和性が高い症状といえるが、外に出るのは嫌いではなかった。野山や小川に行って何時間も歩くのは苦ではなく、日がな一日写真を撮って満足していた。ただ、その頃の写真は今でも残っているが、人が写っているものは一枚もない。

「どうして人を撮らないの？　写真って人を撮るためのものでしょう？」と言われたことがあるのだが、写真に人などという不純物を混ぜるのかと、こちらも驚いたことがある。でも、言われてみれば他の人やプロが撮った写真には人が写っているのだった。

以前に神谷町に住んでいたのは、そこが完璧なビジネス街で、週末や年末年始にゴーストタウンになるのが大好きだったからだ。ぼくは科学技術に耽溺した生活を送っているので、人が苦手だからといって、人里離れた山奥に住もうという発想にはならないのだ。

だから遠足は苦手だった。

他の人が吐いた息をそのまま吸い込むような距離感が苦手なのである。

子ども同士はよくしたもので、こちらが一人がいいのだなと理解すれば放っておいてくれるのだが、たまにそうはいかない先生に当たる。

「どうしてみんなの輪に入らないの？　気後れしてるなら、先生が連れていってあげる」

「いえいえ、ぼくは一人でいるのが好きなので、どうぞお構いなく」

「何言ってるの。あっ、何か思うところがあるのね。大丈夫！　人と違っているところや、人と比べて劣っているところがあると思っても、意外に他の人は気にしないし、そういうの全部含めて人間なのよ。みんな仲間なの！　さあ、一緒に行きましょう！」

……最悪である。いや、すごくいい人なんだってことはわかってる。１００％善意なのだろう。応えないといけないたぐいの誘いなのだろう。だからこそ逃げようがない。

多様性、というフレーズはまだ市民権を得る前だったので、「みんなちがって、みんないい」くらいの言い回しだったと思うが、そこで適用される多様性は「みんなが笑顔で一緒に参加している」という善があって、その善の中で破顔している人も、微笑している人も、高笑している人もいていいよ、といった種類のレンジの狭い多様性だと思うのだ。

その輪の中に入らず、ちょっとすみっこのほうで一人でいたいんです、という多様性はそもそも多様性の中にはカウントしてもらえず、予め奪われている。

もちろん、みんながみんなすみっこでいじいじしてたら、集団や社会なんて成り立たないので、教育の現場で「輪の中に入ろう！」とやるのはいいのだ。仕方がない。でも、だとしたら、あまり多様性といった言葉を乱発して欲しくないなあ、とは思う。

キャバクラトーク

最近、おそろしいことがあった。

「コミュニケーション能力が高いですね」と言われたのだ。

そんなはずがあるわけないではないか！
小学校ではみんなが笑うところで笑えず、
中学校ではみんながうなずくところでうなずけず、
高校はみんなが行くのに行かなかった。

共感はコミュニケーションの基本だろう（よくわからないけど）、それができないのだから、上手も下手もないのだ。成立していないのである。

中学生くらいになると、皆さんコミュニケーションの力がついて、暗黙の了解や仄《ほの》めかし、視線のやり取りで実に高度な意思疎通をはかる。

ぼくは、それが読み取れた試しがない。

「えっ、今のは何だったの？」とか言葉にして場を白けさせたり、自分だけおいてけぼりにされたりする常習犯だった。自分にはわからない手練手管で円滑に気持ちを伝え合っている人たちが羨ましかったものである。

……すみません、まっとうな人のふりをしようとして嘘をつきました。人の気持ちは割とどうでもよくて、早く家に帰ってゲームがしたかったです。

では、冒頭の人物はなぜそのようなおそろしいセリフを放ったのか。何かの謀略か（失礼しました）、極めて人を見る目がないのか（もっと失礼しました）。

可能性としてあげられるのは、キャバクラトークに惑わされていることだ。

キャバクラトーク。

ぼくが学校で学んだ、一番役に立っていることだ。

ぼくは、基本的にいつだって話を早く切り上げたい。

人と話すのが苦手で疲れる。

自分の話は面白くないだろうから付き合ってくれる相手にも悪い。

帰りさえすれば、ゲームができる。アニメ鑑賞も可能だ。

どう考えても、話を切り上げることはいいことずくめである。

では、いかに切り上げるのか？

話をぶった切って帰ることは難しい。小心者だから怒られるのが怖い。だいたい怒られ始めたら、時間がかかる。

真摯《しんし》な傾聴と議論はどうか？

相手のスイートスポットにはまった議論など、長引くことは必定ではないか。

「早急に気持ち良くなっていただく」

少なくとも、自分のキャラクタでできる最大限の努力はこれである。

自分の狭い人生経験の中では、取り敢えずしゃべりたいことだけしゃべれば、帰ってくれる人は多い。

そのためには、相手の言葉を遮らないことが肝要である。議論・反論などもってのほかだ。

ぼくが誰かと会話するとき、それは会話にはなっていない。


「すごいですね！」

「勉強になりました！」

「わっ、おおきい！」


そんなことしか言っていない。まごうことなき、キャバクラトークである。

意思疎通もへったくれもないというか、人と何かを交わそうとか、何かを生み出そうという姿勢がない。取り敢えずにこにこしながら、言われたことを全肯定である。誠実さのかけらもない客あしらいだ。

でも、しゃべるほうも、相手がどのくらい真摯にその会話に向き合っているかなど、あまり気にしていないことが多いらしく、中断されたり否定されたりすることなく思いの丈をぶちまけると、上機嫌になって速やかに帰ってくれる。気持ち良くなった後までだらだらと長居を続ける客は少ない。みんな忙しいのだ。「お客さま、おあがりです！」だ。

ぼくとしては、その場を丸く、かつ速やかに収められれば後は野となれ山となれなのだが、中には冒頭の人物のように「コミュニケーション能力が高い」とまで誤解してくれる人がいる。

何が言いたいかというと、自閉の子も練習次第でコミュニケーション能力が高いふうに見せることはできそうだな、ということである。僕自身が人の気持ちの機微がわからず、そもそも早く帰りたいとしか思っていないのに、それなりに人との会話をこなしているのは単に獲得した技術によるものだ。技術は習得可能である。

相手の言ったことがよく聞き取れなくても、微笑みの意味がわからなくても、取り敢えずにへらっとしたり、受け流したりしておけば会話は進む（あんまりうなずいていると、いつの間にか変な契約を結ぶ羽目になるかもしれず危険である）。

倫理的に正しい手法ではないので、誰かにおすすめするわけにはいかないけれども、そんなふうにやり過ごしている人もいますよ、というお話である。

5　日常に潜むワナ

お金をちゃんと使えるか？

１９８８年は特別な年だった。

前年春に発売された「大戦略Ⅱ」（戦車戦が主体の作戦級シミュレーションゲームである）はいまだに自分史上最高のゲームだし、やはり前年12月８日（真珠湾奇襲の日だ）リリースの「太平洋の嵐」はくらくらするような神ゲーだった。

当時の日本は、まだお正月三が日は神聖視されていて、しっかり休む店舗が多かったと思う。でも、おもちゃ屋さんは別だ。子どものお年玉を当て込んでいる。

秋葉原のソフトショップ（アプリケーションソフトのことを、まだアプリではなくソフトと呼んでいた）も当然、元旦から開いている。で、ぼくは「大戦略Ⅱ」と「太平洋の嵐」の２本を買って元日の朝にもらったお年玉を半日も経たずに使い果たすことになる。

ぼくはお金の使い方が下手だ。

ぼくはほとんどゲームと本にしかお金を使わないが、気に入ったゲーム、もしくは本があると、使い果たすまで使ってしまう。

それで色々なことに不自由を来すことになるのだけれど、三食袋めんだけとか、三食食パンだけとか、三食ゼリー飲料だけでも全然わびしくならないので、あまり深刻に考えたことがない。

放蕩、というのも違うと思う。

気に入ったものがなければ、食指は動かない。お金に余裕があるときならば、ちょっとおいしいものでも食べればいいのだろうけれど、もったいないから三食永谷園のお茶漬けですます。基本的にケチなのだ。

自分でこうなのだから、手帳持ちである我が子にお金を渡すのが怖い。どんな使い方をするのか想像もつかないからだ。症状の特性を考えると、好きなものを好きなだけ買い込んでしまう気がする。

お年玉でも渡してしまって、セブ〇イレブンの海苔巻きせんべい（ロー〇ンや〇ァミマのではダメなのだ。ブランドにこだわりがある）をあるだけ買ってこられたら、家の中がどんなことになってしまうのか。

子の部屋にはグロス単位の海苔巻きせんべいが、父の部屋にはグロス単位の殺戮《さつりく》や萌えを含んだゲーム群が。どう考えても通報事案である。管理人さんが来たときに、どうごまかせばいいというのか。

そう思ってちまちまとお小遣いを渡すときを先送りにしていたのだが、ついにお年玉の存在に気づくときがきた。

「『サザエさん』で、カツオがもらってるんだけど」
「あれは昭和中期の話だから、旧《ふる》い因習なんじゃないかな」
「クラスの子でも、もらっている子がいる」
「しきたりを大事にするおうちなんだねえ」

そんな会話ではごまかせないほどには、ぼくの子も発達が進んでいたのである。しぶしぶといくばくかをポチ袋に入れて渡すことになった。

野放図にすると大変なことになるであろうとの危惧を手放していなかったので、お金を使うときには一緒に使う約束をした（まあ、1人では外出できないので、使う場面もないが）。

しかし、最初に貯金箱を買っただけで、いっこうに使う気配がない。

次のお年玉も、その次のお年玉も、うずたかく積み上がっていくのみである（見栄を張った。積み上がるほどの額を渡していない）。そして、たまに満足そうに貯金箱（シースルーだ）を眺めている。

ははぁ、これはアレだ。貯蓄そのものがアトラクションとして目的化してしまうやつだ。ここはちょっと訓示をしておかないと。

「お金っていうのは、何かをなす手段だから、使わないと意味がないのでは？　好きなものを買ったら」

「貯金を使ってまで欲しいものはない」

「本が好きでしょ」

「図書館があるのに？」

「著者的には買って欲しいんだけど」

「老後にお金がかかるらしいから、あればあっただけいいと思う」

説得は失敗した。っていうか、最後のやつはきっと『サザエさん』（姉妹社版）で得た知識だ。

というわけで、今のところ子どもがどんなお金の使い方をするのか、上手なのか下手なのかを知る機会はない。

貯金は良さそうに見えるかもしれないけれど、貯金という行為と預金通帳の残高に拘りを示して、衣食住に困る生活をしている人というのもいる。現時点ではちゃんと「使ったり」「運用したり」しているわけではない。

ただ、発達障害の子は計画を立てるのが苦手だけれども、みんながみんな無節操にお金を使ってしまうわけではないし、先々お金とはどうしても付き合っていく必要があるので、ちょっとずつお金に慣れさせていくのは大事かと思う。

そのとき、キャッシュレスはちょっと鬼門かもしれない。ぼくは商売柄、新しいキャッシュレスのしくみはほぼ試す。小銭を計算したりハンドリングしたりしなくていい手軽さは、発達障害の子に向いているとも思う。でも、「いくら使ったか」が可視化されにくいので、その点に注意が必要だ。お札と硬貨のほうが、使ったお金の量がイメージしやすいかもしれない。

全然関係ないけれども、冒頭で紹介した「太平洋の嵐」はいいゲームである。名前から想像できる通り、太平洋戦争をモチーフにした作品なのだが、ゲームの目的が「いかに敗北を引き延ばすか」なのだ。子どもごころに、「なんて後ろ向きなゲームなのだ」と驚嘆したことを今でも鮮明に覚えている。

いや、もちろんアメリカに勝つことも「不可能ではない」のだが、戦前において大日本帝国の総力戦研究所が正確に予想した通り、果てしなく無理ゲーである。心がダース単位で折れていくくらいの難易度がある。

それならば、いっそ短期決戦で連合艦隊による長駆殴り込みをかけ、せめて一花咲かせるかと考えても、油がない。

そう、少年はこのゲームで、戦艦などというものがいかに油を喰うものなのかを実感することになるのである。そのためには、資源地帯から気の遠くなるような頻度で原油を運んでこなければならない。史実で、帝国海軍が大戦艦を持ちながらもあまり動かさず、軽巡、駆逐艦といった小艦艇ばかりを投入していた意味がやっとわかった。

そして、血の一滴ほどに大事なその油槽船は、米潜のシーレーン攻撃でなすすべもなく沈んでいくのである。駆逐艦による掩護をつけようと思えばそのぶん燃料を喰うし、護衛駆逐艦さえ雷撃で沈む。ロジスティックの構築と維持がどれほど大事か脳裏に刻まれる瞬間だ。

郵便屋さんや宅配便屋さんをリスペクトする心性はこのとき育まれたといってよい。

ゲームはゲームだし、今のように教育に使うシリアスゲームという考え方もなかった頃の話だけれども、節約とお金の使いどころの大事さを骨髄に叩き込まれるような経験だった。もはやあれは娯楽ではない。

したがって、爽快感を得たり、ストレスを解消したりといった意味では、まごうことなきク○ゲーなのだが、発達障害の子に長期的なビジョンと節約を理解してもらうのが厳しいなと感じたときに、あのゲームはいいかもしれない。

時間管理は難しい

時間をきちんとする。

……苦手である。時間に限らず、何かを管理するのがもうダメである。時間とかモノとか、比較的管理しやすそうなものでもダメなのだから、何かの間違いで管理職などにならなくて、本当に良かった。それぞれが意思を持って動く人の管理など、できるわけがない。

ところで、ぼくは仕事の締切は守るほうだ（反対意見もあるかもしれないけれど）。すると、時間管理ができていそうに思われるかもしれないが、できていない。

あるタスクに対して、１か月の猶予が与えられたとして、１か月でちゃんと自分がそれを仕上げられるかどうかが、不安でたまらない。むしろ、放っておくと忘れてしまうリスクも高い。なので、徹夜をしたり、他の仕事をうっちゃったりして、２〜３日で仕上げたりする。「几帳面なんですね」と言ってくれる人もいるが、むしろずぼらであることに自信があるのだ。そして、真面目なわけでもない。締切を超えることに抵抗はないが、そこで怒られるのが怖い。小心者なのである。

そもそも、あまり早く仕事をあげると、まわりの評判だって良くはない。几帳面とか速いとか言ってくれる人はいいが、どちらかといえば「やっつけ仕事を持ってきたのでは？」と勘ぐられることのほうが多い。

であれば、他の仕事と並行して行ったり、少なくとも徹夜はやめたり、仮に早く仕上がっていても締切間際まで温存しておけばよさそうなものなのだが、自分の時間管理を信用していないので、とにかく出すものを早く出しておかないと落ち着かない。

ああ、そういえば、子どもの頃はお風呂からあがると、ろくに体を拭きもせずに寝間着を着てよく怒られていた。手順的には、体をきちんと拭いてから、おもむろに着衣するのが美しい。そんなことは百も承知なのだが、水気を飛ばしているうちに他のことに気が削がれて、着るのを忘れるのが怖いのだ。あんまり周囲には理解してもらえなかったけど。

仕事以外のことでも、深夜アニメなど見始めてしまうと、気がついたときには空が白んでいたり、ひどいときには一周して次の夜になっていたりする。だから、サブスクリプションサービスは得だとわかっていても、あまり契約しない。

以前にソシャゲの時間管理について短いペーパーを書いたときも、「取り敢えず自分でもやってみないとな」とアカウントを作ってプレイしたら、いつの間にか何百時間も投じていた。ミイラ取りがミイラである。

では、ぼくの子はどうかといえば、まず時間の観念がだいぶ怪しい。自閉の子は見通しが悪いとよくいうけれども、5分後の未来と50年後の未来がなんだか一緒くたな気がする。江戸時代と白亜紀がシームレスに接続されているような気もする。

そもそも時間は難しいのだ。ぼくらは未就学の時点でふつうに11時50分とか、20秒とか日常生活の中で教わり始めるが、12進法と60進法の組み合わせである。几帳面な子ほど混乱するだろう。そして、自閉っ子はとても几帳面である。

10進数の四則演算に苦労しているところに、「9時10分前」を詰め込むのはなかなか難事業だ。だから、ぼくの子に関しては、時間がかなりアバウトでも大目に見ている。したがって、彼の作るカップラーメンは、かなり固いか、相当のびているかだ。いつか適切な硬度になることを期待している。

ただ、父と同じで怒られたり失敗したりするのは怖いらしく、朝の飛行機や新幹線に乗る用事があるときは、寝ようとしない。寝過ごすのが恐ろしいのである。帰りの飛行機も同様である。

「もう空港に行こうよ」

「いやいやいやいや、今行ったら空港で何時間待つと思ってるんだ。もう一泳ぎしていこうぜ」

「バスが遅れるかもしれないし、飛行機が早く出ちゃうかもしれない」

こんなやり取りで、いくつの観光地を棒に振ったかしれない。

ルーズなよりはいいけれど、飛行機くらい乗り遅れたって死にはしないことを、成人までには覚えて欲しい。

でも、締切は遅らすと、死が近づくかもしれない。

忘れ物は多い？　少ない？

自閉スペクトラムというと、忘れ物が多いイメージがあるのかもしれない。

「大変でしょ？」と言われることが多いのだ。

それはたぶんＡＤＨＤ（注意欠如・多動性障害）と取り違えているのだろう。発達障害という大きなくくりの中に自閉スペクトラムもＡＤＨＤもあるし、行動が（健常者から見ると）衝動的である点も似ている。

でも、この2つはやはり似て非なるものだと思う。日本人が見るとフランス人もドイツ人も同じに見えるけれど、ヨーロッパの人は難なく見分けるのと同じである。健常者から見た自閉スペクトラムとＡＤＨＤは同じでも、ふだん一緒に暮らしているとかなり差があることを体感する。

先ほど書いた「行動が衝動的」というのも、ここに根ざしていると思う。

ぼくらからすると、イスラム教のサラート（1日に5回、定時に行われる礼拝のこと）はずいぶん唐突に始まる印象を受けるが、信者の人にとってはごく当たり前な、自然な行動だろう。同様に、ぼくらからすると唐突な行動も、自閉スペクトラムやＡＤＨＤの子には独自で不可避な理由がある。「ふつう」と文脈は異なるけれど、理のない行動ではない。

その、単に突発的に見える行動を起こすきっかけが、自閉スペクトラムとＡＤＨＤでは違うと思うのである。ちなみにＡＤＨＤは言葉としてよく普及したからか、「うちの子はＡＤＨＤではないだろうか」と心配される親御さんが増えたと思う。

なぜか「見てくれないか」と言われる機会も増えた。子どもが自閉スペクトラムなら、ＡＤＨＤにも詳しいだろうという見立てである。いや、似てるようでも違うって。それはネットワーク屋にデータベースも詳しいですよね？　と聞くようなものである。たとえがわかりにくいか。

いずれにしろ、気になることがあるなら、冴えない、それも専門外の教員などではなく、しかるべき機関に相談すべきであるが、ほとんどの場合はＡＤＨＤではないと思う。だって、未就学児なんて概ね多動ではないか。

本物の、診断が下ったＡＤＨＤの子は切れ味が違うというか、体感値としては1秒たりともじっとしていない印象がある。療育施設で遊び相手になったことがあるので、体が覚えているが、多動の称号は伊達ではない。

よくいわれるように、多動の子は大きくなると、その主訴が注意欠如へと移行していくように思う。確かに、大人になってまで1秒も止まらずに動いているのはちょっと無理だし、多動でいることが不可能になるのだろう。体にも悪そうだ。

だから、多動のお子さんをお持ちのご家庭で、もしも「このままで自分の体力が保つのだろうか」と悩んでおられたら、たぶんもうちょっとの辛抱である。ぼくがうっかり遊び相手を務めてしまい、「あっ、これは大変なことになってしまったぞ」と恐れおののいた子も、今ではずいぶん落ち着いたお嬢さんになっている。よく忘れ物するらしいけど。

そう！　忘れ物の話である。ぼくは忘れ物はほとんどしなかった。絶無だったといっても過言ではないだろう。これは症状がどうこうというよりも、単にぼくが小心者で、先生に怒られるのが怖いからというのもある。しかし、自閉スペクトラムに特有の儀式的習慣の反復がここで効くのだ。

先生に怒られるのが怖いから、何度も忘れ物のチェックをするのだが、たとえばふでばこであれば、何が何本どこに収められているのか、まずは目視確認を行い、専用にでっち上げた確認唱歌を2度歌って指さし確認する。

その間に誰かに声をかけられたりすると、数え間違いのリスクがあると考えられるので、もう一度最初から手順をやり直す。電車が揺れて、ふでばこに収められているものの位置がずれると悲鳴を上げる。

さすがにそこまですると忘れ物はないわけだが、もっと大事な別の何かを遠くの人生に忘れてきた気にはなる。クラスの人たちも、小学生が許しうる最大限の寛容さをもって、そっと目をそらしていた気がする。

今でもこの性向は変わっておらず、どんな原稿も物理的に異なるストレージに3つ以上を1分おきにバックアップするしくみにしているし、日本に何かがあっても大丈夫なように海外のストレージサービスとも契約している。まあ日本に何かあったら、ぼくの原稿もその時点でいらなくなるんだけど。

ちなみに、ぼくの子も忘れ物は極端に少ない。よくランドセルをごそごそやっているし、よく何か歌っているし。聞いちゃ悪い気がするので、何のために歌っているのかは聞かないけれども。

発達障害特有の偏食――醤油は飲み物

食べ物のことをよく聞かれるので、少し触れておこうと思う。

発達障害特有の偏食についてだが、「偏食なんて、よくあるでしょ？」と問われる。

それはまあ、そうである。特に小さな子にはよくあることだし、大人になったって偏食の人はいる。

ただ、それをいえば、自閉的傾向も小さな子にとってはよくあることだ。よくあることだから大したことない、と収束しないのがこの問題の悩ましいところである。

ぼくの勉強しているネットワークの分野でも、ＨＴＴＰ通信はよくある通信である。ウェブを閲覧するときに必ず使う。よくある、ありふれた通信だから、どんなときも無害かといえば、１秒間に１００万発もやれば、閲覧されたサーバは処理能力が飽和して運転停止に追い込まれる。それはＤｏＳ攻撃と呼ばれる。無害なものも、量によっては害になり得るということで、ようは程度の問題である。

定型発達の子と、発達障害の子は地続き（スペクトラム）ではあるのだけれど、ひとくくりにするのはやっぱり無理っぽくて、偏食もかなり程度が違う。

ぼくの場合は、醤油が好きだ。

醤油好きの人など、世の中にいくらでもいるだろう。でも、飲めるかと言われたら、けっこうな数の人が躊躇すると思う。体に悪そうだし。

ぼくは飲みたいのである。醤油は飲み物。

でも、さすがに大人になると人目が気になるので（いちいち、色々説明するのも面倒だ）、たまごかけご飯にカモフラージュする。

たまごかけご飯を好きな人はかなりいる。善良な人々の目から見ても、危険な食べ物には見えにくい。

でも、ぼくの目的は無害なたまごではない。取り立ててたまごは好きではない。好きなのは、そこにトッピングする醤油である。がーーーーっといくのだ。まわりの目があるので、最近は控え目にしているが。

外界からはなるべくたまごをかき回している姿に見えるように気を配っているが、よくよくのぞき込めば剣呑な黒い液体でしかないのは一目瞭然である。これをなるべく少なめのご飯にかけて、飲み物として飲む。至福である。

焼肉のたれや、うなぎのたれもいい。

あれも飲み物として優秀な部類である。

でも、どこかの「焼肉のたれ」を瓶からごくごくいくわけではない。いちど肉やうなぎにくぐらせたものがいいのだ。だから、焼肉に行って一番心躍る瞬間は、そろそろ火を落とそうかという、あのみんなが満腹の余韻に惚《ほう》ける時間にある。平和に弛緩している人たちの目を盗んで、いかに無害そうにたれを飲むかが勝負である。

うなぎの高騰にしたがって、慶應の学食ではうなぎのたれめしを販売したそうだが、本当に残念なことに食べに行く機会がなかった。単に開封したたれをかけただけなのか、うなぎがくぐった履歴を持つたれが使われているのか、とても気になる。

何が幸せかといって、映画館でポップコーンを食べることほど幸せなことはない。幸せに形があるとしたら、きっとあんな姿形をしているのだろう。劇場版アニメというだけでこの世の快楽をかき集めて愉悦で煮染《にし》めたくらい嬉しいのに、それを鑑賞しながらポップコーンを食せるなど背徳感すらある。

ただ、観劇の途中でポップコーンがなくなってしまうことだけが怖い。途中で幸せを失うのは、最初から幸せがないより悪いのかもしれない。

だから、ほとんどのケースで、ポップコーンのＬサイズを２つ買う。ポップコーンのサイズやかさかさ感というのは、劇場や興業会社によってかなり違うが、Ｌサイズが２コあればたいていの劇場で安全圏に入る。

ＴＯＨＯシネマズがたまにやってるＭＥＧＡポップコーンは最高だ。あれはプレスリリースによれば10リットル、ふだんのＬサイズが３リットルなので、どんなペースで食べても途中でなくなる不安からほぼ解消される。サイズからいってトレイに載ることはなく、抱えて食べるしかないので、鑑賞スタイルとしてはけっこう不自由なのだが、不安からの解放というのは、溺れるほど気持ちがいい。不自由さを補って余りある。不自由による自由の獲得とは、とても現代的だ。

ただ、必ず（おてふきの数の確認のために）「何人でお食べになりますか？」と聞かれるので（Ｌサイズでさえ聞かれる）、それなりに気の利いた返答の用意が必要である。そこで目をそらしておどおどしていると、それなりに事案である。

最近は鑑賞マナーがだいぶ行き届いてきたので、観劇中にポップコーンを食べてたら悪いかなと思って、あまり買わなくなった。あれ、気兼ねなくテイクアウトできたらいいのに。

ぼくの子の場合は、海苔とソースにこだわりがある。海苔巻きせんべいが手放せない（そして分解して食べる）のは以前にも書いたが、セ○ンイレ○ンのものしか食べない。ロー△ンやフ□ミマのものではダメなのだ。わからないように、袋から出して与えても見分ける。ソースはどこでもいいっぽいのだが、量に過剰がある。

本人が主張するにはたこ焼きが好きなのだが、あれはぼくのたまごかけご飯と一緒で単にソースが飲みたいだけだろう。放っておくと、ソースの海の中でたこ焼きが泳いでいるような地獄絵図が立ち現れる。

自分が「腎臓や肝臓に悪いよ」と言われても、「好きなものを飲んで死にたいなあ」くらいにしか思えないのだが、さすがに子どもに「好きなんだから、好きなだけ飲みなさい」とかやると虐待を疑われるかもしれないと思って止めに入る。

「発達障害の子は社会的な楽しみが少なくなりがちなぶん、食べ物で楽しませてあげましょう」とは、色々な療育機関で教えてもらう事柄なのだが、なかなかままならないのである。

お箸を使う練習

クリスマスやお正月になるとつい気が緩んで、いつもなら「変に思われるからやめよう」と思っているものを、「自分へのご褒美」などと言い訳してつい頼んでしまう。具体的には、海老なし海老そばや、天ぷら抜きの天丼などだ。マロニーしか入っていないしゃぶしゃぶも素敵である。

別にふだんから食べたっていいのだが、大人になるとやはり人目があるし、そもそもこうした食べ物はコミュニケーション的にハードルが高いのである。お店の人を戸惑わせるのも心苦しいし、「えっ、海老そばを海老抜きで？　当店の海老に何か問題がありますか？」とか、「タンメンもありますよ」といった善意の提案に対して、何か適切な返答を用意しておかなければならない。いくつか会話をシミュレーションして、「うん、やめておこう」となる。うまくいかないシミュレーションは得意なのだ。むしろ、うまくいかないことに安心するまでである。

運動会（苦手である）の前の日は、不安を和らげるために脳内シミュレーションを施すが、そのシミュレーションでうっかり勝ってしまったりすると面倒なことになる。当日、そんなにうまく物事が転がるはずはないので、シミュレーションと現実に大きなギャップが生じることが予想される。そんな事態は許容できないので、もう一度シミュレーションを開会式からやり直すことになる。

ぼくの子は、子どもなのをいいことに海苔巻きせんべいの海苔だけを食べたりしているが、そんな家庭もこの時期になるとおせちのことを考える。子育てをしていると、食育うんぬんという話はよく聞くし、一通り行事っぽいことも経験させたいので、おせちはちゃんと作っていたのだが、ここ数年はやめた。

ぼくも子どももおせちっぽいものが好きではないのだ。なので、今お重にはプラモデルみたいにカリカリになったベーコンが海のように敷き詰められている。２人とも大好きなのだ。

でも、おせちを見ると黒豆を思い出す。

ぼくの子は不器用なので、お箸がちゃんと使えない。で、療育でさんざんお箸の使い方を練習することになったのだが、そのときの教材で黒豆が出てきたのである。

ちなみにぼくもお箸は苦手だ。Ｅテレでパソコン講座をやらせてもらったことがあるので、芸能人の方と会食する機会が何回かあったが、みんな食事の作法も食べた後の食器も、嘘みたいに美しい。訓練された人の有り様って綺麗だな、と思った。他人の絶技を堪能した後で自分の皿を見ると、阿鼻叫喚《あびきようかん》の事態になっているので、ますます自分が嫌になる寸法である。

なので、全然子どものことは言えないのだが、まるで自分は美しく箸が使えるような顔で子どもを指導するのだから、業の深いことである。まあ、教員などというものは、昔の自分がまったくできていなかったことを、さも当たり前のように学生に指導するのだ。因果な商売である。

さいしょの頃は、何十回かのチャレンジも虚しく、ころころと黒豆が転がるだけの毎日だった。いっそ、そんな遊びをしているかのようだった。

でも、そのうちころころとは転がらなくなった。お箸が使えるようになったのか？　そんなにいい話になるはずがない。まず、指でつまんで食べ始めた。うん、お箸がダメなら別の道具で代用する、たぶん問題解決手法としては間違っていない。しかし、それでは練習にならないので、指の使用は禁止した。

すると、お箸で豆を潰してつまみやすくしてから、にぎりつかみでおもむろに食べ始める。うん、それも問題に対するアプローチの一つではある。でも、お箸の練習にはなっていない。

あんまり失敗させ続けるのも、学習のモチベーションを下げるのではないかと思って、チャレンジする物体を黒豆以外のものに変えてしまったのだが、この前見たら、黒豆を器用に食べていた。もちろん、隙さえあれば楽して手づかみしようとする癖は直っていない。

ぼくも、中学生になるまでちょうちょ結びができなかった。自分には一生無理かなと思ったこともある。でも、20代のときに船舶免許を取った。もちろん、もやい結びの課題もあった。人は長じて時間さえかければ、色々できるようになるのだなあと思った。

でも、落水者救助訓練では、船を落水者（に見立てたブイ）にぶつけてしまった。スクリューで頭を粉々にしてしまうパターンである。だから、ライセンスは取ったものの、自らと周囲の安全のために決して使ってはいない。

騎馬戦出場……大丈夫？

騎馬戦に出るんですって。

もちろん、ぼくのことではない。運動不足で、休日はゲームに興じ、アニメを見て日が暮れていく人間がいきなりそんなことをしたら命に関わる。

ぼくの子である。

いきなり何をしでかすのかと思う。

人前に出ていいことなど、何もないのである。ぼくが学生時代に学んだ一番大切なことは、人前で何かをすると笑われたり、恥をかいたり、色々するので、できるだけ気配を消すのが吉だということだ。

これを信条に熱心に励んだせいで、ぼくのステルス能力はかなりの高みに達した。この仕事は嫌だなあと思っておとなしくしていると、まず指名されることはないし、うっかり気配を消しすぎると、学生がぼくの存在を忘れてカンニングに励んでしまうほどである。前任校で、ぼくのカンニング摘発率はかなり高かった。

なんなら実力行使に出てもいい。

ぼくの通った小学校は2年に1回、学芸会に参加しなければならない習わしだった。ぼくには村人8という、今思えば順当な役が割り振られた。セリフも「でも、ダメだよ」だけである。先生たちも、クラスメイトたちも、このくらいならこいつにも務まると踏んだのだろう。突っ立って、しかるべきタイミングで一言棒読みしてくるだけの簡単なお仕事である。

感謝しなければならないところだ。

しかし、当時のぼくには、これはとてつもなく高いハードルに感じられた。跳び箱でいうと16段くらいの勢いである。無理だ。だから、当日はおなかが痛くなって、学芸会には行かなかった。

もちろん、まわりに迷惑をかけるのは本意ではないので（自分にもブーメランが返ってくることは必定である）、「もしも、万一のことがあって、本番に出られなくなったら、このセリフはカットでいいですよね」と何度も先生に念押ししておいた。ハードルから逃げるための努力は惜しまないのである。

そういえば、「3学期の副委員長」という人望があるのかないのか実に微妙な役職に推薦されてしまったときも、投票のときまでのネガティブキャンペーンには時間も体力も惜しまなかった。重ねて言うが、ハードルから逃げるための努力は惜しまないのである。

そんなぼくの血を引いているはずの我が子が、騎馬戦の、しかも騎乗する側に立候補である。正気の沙汰ではない。そんなものに決まったら、少なくとも当日まで親の胃がきりきりし続けることは確定である。

「あぶないから、やめたほうがいいんじゃないかな」

「カートのほうがあぶないよ」

「ぼくは命の減価償却が進んでいるけど、将来のある人は気をつけないと」

「学校があぶないことをさせるはずはないから、大丈夫」

……学校というのはおしなべて、前例さえあれば実はかなりあぶないことも平気でやる組織だとは思うし、歴史が長いから相当な前例の蓄積もあるのだが、そんなことを吹き込んだらそのまま学校で言ってしまうのが自閉スペクトラムである。攻め方を変えることにした。

「他の自閉さんたちは、立候補したの？」

「ぼくだけ」

そうだろう、そうだろう。自閉スペクトラムといえども、高学年にもなれば空気は読んでくるのである。その能力が伸びないのはぼくの子だけだ。

「ひとりだとさみしくない？」

「代表として頑張ってこいって」

気持ち良く送り出されちゃったのかよ！

「運動能力的に無理があるのでは？」

「試しにやってみたら、一番さいしょにはちまきを取られたね」

「それじゃあ、ウマの人たちもがっかりかもよ」

「本当にダメなやつだなあって言われたけど、おとり役に適してるって。エンガノ岬沖海戦だね」

いやいやいや、それ、まわりの子たちいい子すぎるだろ！

ちなみにエンガノ岬沖海戦とは、日本の敗色が濃厚になった昭和19年秋に、連合艦隊が投機的に行った捷《しょう》一号《いちごう》作戦において、主力の栗田艦隊をレイテ湾に突入させるために、小沢艦隊が囮《おとり》となってハルゼーの機動部隊を北方へつり上げた戦闘のことである。ぼくの子は戦史マニアなのだ。ぼくも戦史は大好きなのだが、たまに記憶力を試されるような展開になることがあり、最近は父の威厳がだいぶ揺らいでいる。

それはどうでもいいのだが、小学校の運動会において騎馬戦は花形である。プロセスに目もくれず勝利を欲するお年頃の小学生たちが、大幅な戦力ダウンになること請け合いのぼくの子を騎馬戦のメンバーとして許容し、あまつさえ弱兵でも役に立てそうな作戦案まで示してくれるとは、日本のダイバシティ教育もだいぶ進んだものだと思うのである。ありがと。

黙読派か？　音読派か？

ガンダムの偽歴史書を書いたことがある。

解説書のたぐいはさんざ出版されているコンテンツなので、単に技術解説を書いたりしてもつまらないと思って偽歴史書にしたのだ。

ガンダムは歴史絵巻だが、人気があるのは宇宙世紀００７９〜０１０５年あたりの話である。だから、宇宙世紀０２００年くらいから過去を振り返った体で書き起こした。

そうすると、たとえば設定がそこまで考えられていない箇所は、「なにぶん旧い紛争であるし、当時の記録を収めた資料も散逸が激しく定説をみない」などとやれるし、「わずかに残存している映像資料（アニメのことだ）を確認すると……」と書ける。あれは楽しい仕事だった。

そのときに、「兵装の数値や登場人物のセリフとか、調べて書くのは大変でしょう」とねぎらってもらった。でも、すみません、ほぼ暗記してるので、あまり資料を見ていません（校正のときは確認するけど）。だから、気遣ってもらうほどには、手間がかかっていなかったりする。

じゃあ、入試のときなんかは楽ができたでしょうと言われると、そうでもない。単純暗記は得意だけど、思考力を試される問題はちゃんと練習して鍛えなければならないからだ。この傾向は自閉スペクトラムの子には割と敷衍できるのかなと思っている。

高機能型の（知的障害のない）自閉症スペクトラム障害のお子さんは、かなり大学入試を突破する。たぶん、幼稚園や小学校で療育の現場に関わる人の想定を超えて、そうである。ただ、（ここから先は、超個人的な印象です。エビデンスがあるわけでもありません）突破できる入試区分に偏りがあるように思う。入試区分によって（同じ大学でも）記憶力を試される割合が高かったり、思考力を試される割合が高かったりする。記憶力を試される割合の高い入試区分は突破しやすいと思うのだ。

自閉スペクトラムの子が大学受験をする場合は、学力指標だけでなく、入試区分別にどんな力が試されるかもよく考えるといいかもしれない。もちろん、無闇に進学をすすめているわけではない。入学した後は思考力の発揮を要求されるので、本人が困ることがあるし、自分にあった環境に身を置くのが一番だと思う。

　ぼくは艦艇のスペックや映画のセリフを覚えるときに黙読するタイプだったけれども、ぼくの子は読み上げないと記憶ができないタイプである。そもそも、「この子は一生発語がないのか？」と危ぶまれる子だったので、しゃべってくれてるだけで御の字だし有り難いのだが、慣れてくると有り難みも薄れてうるさく感じるようになってくる。

　ぼく自身が好きなので海軍艦艇や艦上機のスペックを読み上げられるぶんには別にいいのだ（良くないけど）。なんなら自分の復習になるくらいの心持ちである。でも、映画のセリフをいちいちリピートされるとだいぶうるさい。

「黙読とかさ、やれるようになったほうがいいよ。間違えて外でやると、まわりの人に悪いし、場合によっては事案になるよ」

「………」

いちおう本人も努力しようとは思うらしいのだが、長くは続かず、また読み上げが戻ってくる。

「金星62型、20㎜機関砲2門、13㎜機銃2門……」

ぶっそうだなおい。それが、零戦の54型だとピンときて生暖かく見守ってくれる人は決して多くない。あと、海軍は20㎜でも機関砲じゃなくて機銃って言うぞ。

「君を確実に破滅させることができるなら、公共の利益のために、僕は喜んで死を受け入れよう」

ホームズは嫌いじゃないけど、電車の中とかで言わないほうがいい。

そんなわけで、リビングはいつも危険なセリフで満ちている。いくら双子の片割れといっても、姉もつらいだろうと思って「防音壁でも作る？」と聞いたら、「ありのままの弟が好きだから、べつに今のままでいいよ」と言われた。

おー、姉弟の絆ってすごいなと感激したが、その優しさが1000分の1でもいいから父にも向けばいいのにとも思った。

オキシトシンの効果

『完全自殺マニュアル』（太田出版）という本がある。

不穏な書名だが、ダークウェブに転がるサイトや同人誌ではない。ちゃんと商業流通に乗っている書籍である。ぼくが大学に入った年に初版だから、１９９３年のことだ。

確か１００万部を売り上げたベストセラーになって、今でも廃刊にはなっていないはずである。

今だと、眉をひそめられたり（当時でもそうか）、炎上の燃料になったりしそうな内容だ。ぼくは他の人と比べて生きるのが上手でない自覚があったので、なんだか人生に息苦しさを感じていたけれども、この本に出会えたのは良かった。そうか、この手もあるなと、とても楽になった気がした。

とはいえ、ぼくはあんまり自殺に興味はなかった。痛そうだし、苦しそうだ。ぼくは純度１００％のへたれなので、痛いのは嫌なのだ。

ぼくが、『シャーロック・ホームズの帰還』と同じくらい愛読したのは、この著者の2冊目の書籍、『人格改造マニュアル』（太田出版）である。

ぼくは体の弱い子どもだったので、薬は友だちよりも親しい存在だった（嫌な友だちである）。だから、物心ついたときから、薬に嫌悪感や忌避感はなく、「生きるのを楽にしてくれる、大事なパートナー」という意識があった。

でも、そのときの認識はあくまで「病気など、体が標準よりもマイナスの状態に陥ったときに、ニュートラルな状態に戻す道具」だった。

ところが、大学の授業で、ネグレクトをする母猿にある薬を投与すると（今にして思えば、あれはオキシトシンだろう）急に母乳を与えたり、世話をしたりし始めるのだ、という番組を見せてもらって認識を新たにした。病気でない、気質のようなものも、薬で上書きできる可能性があるのか？

そう思っていたところへ出版されたのが、『人格改造マニュアル』である。この本はいくつかのテーマを取り扱っているが、向精神薬の分類と効果、取得難易度、どの医療機関に行ってどんな口上を述べれば、狙った薬を処方してもらえるかに多くの紙幅が割かれていた。

もちろん、薬物の取得と服用をすすめているわけではまったくない。薬の服用は薬効と同時に必ずリスクを伴うものだし、特に向精神薬の場合は薬効の個人差も大きいと思う。医師の質問に対して嘘をついてもいけない。ただ、実感として、これで人生が楽になる人も確かにいるな、と思うだけである。

　で、長い前振りだったがオキシトシンである。

オキシトシンは不安の除去や、信頼性、積極性の獲得に関連するホルモンといわれている。ぼくが大学の授業で見せてもらったのは１９９０年代だが、自閉症の症状が緩和されるのでは？　と２０１０年前後に言われ始めた。

　ぼくの子が自閉症の診断を受けたのが２０１１年くらいなので、不安のピークの頃である。これは調べなくては、と思って色々した。で、思うのだが（素人の個人の感想です）、確かにちょっと効くのかなあという事例もあるのだが、まったく変化がないなあという事例のほうが多く、かつ「効いた」と感じた人の一定割合はプラセボ効果ではないだろうか。少なくとも、わらにもすがる思いの人がつい期待してしまう、劇的な効果はないと思う。

　もちろん、オキシトシンの効果を否定しているわけではない。専門家のチームが大規模かつ精密な臨床試験を行った上で、いくつかの指標が改善したとしているのであるから。素人の寝言とは比較にならない価値がある。

ただ、万人に著効するものでもなさそうだ、という話である。完全に素人の妄言だが、オキシトシンの血中濃度の上昇は、自閉症に欠けている何らかの要素を励起《れいき》するのだろう。でも、自閉症の原因は多岐にわたるので、一つの要素をどうこうしたからといって症状の全体像が寛解するものではないのだろう。オキシトシンの研究はこれから進むだろうけれど、眼を見張るほどの効能を期待しているとがっかりするかもしれない。

とはいえ、ついつい期待してしまうのが親心というものである。ぼくは研究では貢献できないし、治験があっても自分が診断を下されているわけではないので参加できないだろう。薬好きだし、いくらでもモニターになるのになあ。

6　学校生活と居場所

多様化したのはいいけれど……

ぼくは学校が嫌いだった。

そもそも人が集まるところが嫌いだったし、人前で話すなどという行為は何の拷問だろうと今でも思う。

今の発達障害の子は、大変だろうなと思う。

ぼくが少年時代を過ごした頃よりも、日本の社会のポストモダン化はずっと進んでいる。みんなが同じ価値観を信奉していた時代から、一人ひとり信じるものが違ってもいい方向へ舵を切っている。

高偏差値大学や大企業に行くばかりが人生ではないとか、恋愛対象も異性でなくてもいいし、子どもも作っても作らなくてもいいし……と、30年後はそうなってるんだって、ぼくの小学校の担任に言ってやりたい。ほーらねって。あと30年もすれば、恋愛対象としての二次元女子もきっと市民権を得るだろう。いや、それはそれとして。

価値観の多様化によって、障害児は恩恵を受けている。ぼくが子どもの頃は、学校教育の現場の先生だって、明らかに障害児を劣った存在として扱い、振る舞っていた。でも、今は（少なくとも表面上は）そんなことを大っぴらに言ったら懲戒ものである。まあ、実はけっこういるけど。

障害も個性、ということで、お互いに認め合って生きようとか、社会に居場所が少し増えた（ただ、この考え方は嬉しいこともある反面、ちょっと怖いと思う点もある。個性なら配慮や援助をする必要はないでしょ、と言われたりすることがあるのだ。もちろん、障害があっても自助努力することは大事で、最初から他人にもたれかかった生き方をしてはいけないと思うが、やはり目や耳が不自由だったり、発達障害を抱えていたりというのは、髪の色が黒かったり金髪だったりするのとは、ちょっと意味合いが異なると思う）。

でも一方で、多様化した社会は、その成員に高いコミュニケーション能力を求める。自閉スペクトラムの子にとって、最も得がたい能力である。私も企業に勤めていた時期は、「コミュニケーション能力が必要です」などと企業説明会で学生相手に吹いていた。お前はどうなのだと突っ込まれたら、釈明のしようがない状況である。

大学に転職したときも、採用のプロセスで模擬授業などが課されなかった最後の世代だろう。昔の大学教員はとにかく著書や論文さえ書いていればよかった。模擬授業などやった日には、コミュニケーション能力がないのが丸わかりである。運が良かった。

価値観が一様だった社会では、人と会ったら仕事の話でもしていればよかった。それでなければ、結婚か子どもあたりの話題でOKだった。みんな結婚するし、みんな子どもをもうけたので、話題として成立したのである。

でも、今そんなことをしてしまったら、まごうことなきパワハラとセクハラとにかく何かのハラスメントのトリプルコンボである。結婚しない人も、子どもを持たない人も、二次元女子しか愛せない人もたくさんいるので、何かを絶対的に正しいと信じ込んだ発言は御法《ごはっ》度《と》である。その発言の方向性が、相手の信じているものと違った場合、容易に事案になる。

現代の会話は無尽蔵の地雷が埋め込まれた荒野を征く行為である。常に相手の好みや反応を取得し、軋轢を起こさないように会話の針路を調整しなければならない。そのためには信じる神も、好きな食べ物だって変えてみせる覚悟が必要だ。コミュニケーションにかかるコストはものすごく高くなったのだ。

これ、発達障害児には無理だろう。

いや、定型発達の子にだって難しい。だから、今のいじめの大多数はコミュニケーションに起因して起こっているし、企業も採用において学歴よりも学習歴よりもバイト歴よりもコミュニケーション能力を重視する。こんなにはかりにくい能力はないのに、大変なことである。

一昔前は、コミュニケーション能力の低い人には（別に発達障害でなくても）、それに向いた職業がそれなりの分量で存在していた。職人とか技術者とか大学教員とか。

でも、今はコミュニケーション能力なしの天才肌の職人とか、なかなか成立しないだろう。コミュニケーション能力がなければ芸術家も作品が売れないし、大学教員も競争的研究費が取れない。発達障害児の砦《とりで》である福祉就労でも、早晩コミュニケーション能力が強く求められることになるだろう。人とやり取りするのが苦手な人には、生きにくい状況になったのだ。

学校に行かなくても、友達がいなくても、最高に幸せな子もいる

学校が好きではない子は、どうすればいいだろう。

本人が幸せなら、何でもいいとは思うのだが、幸せの定義がぼくにはよくわからないし、そもそも自閉スペクトラムの子は自分が今幸せかどうかをうまく表現する力を持たない子も

多いので、本人に聞くのもうまくいかない。
だから、これは個人的な話だと思って欲しい。

ぼくはとても幸せな子ども時代を過ごした。

学校は朝起きるのが嫌だったし（だから、大学は好きだった。午後からの授業だけでも卒業できるからだ）、ちょっと考え事をしているうちに授業は終わってしまっていて（数少ない友人が、先生の質問に一つも答えなかったので、後で職員室に行くことになってるぞと教えてくれた。質問された記憶はない）、それだけでもへとへとになるので、崩れ落ちるように家路を急いだ（放課後に学校に残ってクラブ活動をする子たちの体力とメンタルが、同じ人間のものとは思えなかった）。

端から見れば、あんまり幸せそうな子には見えなかったはずだ。

正面切って、眉をひそめる大人もいたし、分別があって「これも多様性だよね」という態度が取れる大人も、その視線には同情と憐憫《れんびん》が絶妙にブレンドされているのがふつうだった。少なくとも、「うちの子もこうさせたい」と思うような子ではなかった。

でも、ぼくはこの上なく幸せだった。

どの本の中にも、無限の世界があった。零戦のスペックは11型も21型も32型も22型も、22甲も52も52甲も52乙も52丙も53も54も62も63も64も、図面（現存していない型もあるが）も含めて今も頭に入っている。

11型と52型の差分を頭の中で反芻《はんすう》する作業は、何回繰り返しても飽きないし、楽しい。ぼくは絵心がないのでアウトプットができないが、翼端が切り落とされていない12メートル幅の初期型零戦のシルエットは、生まれてきたことを、信じてもいない神に感謝してしまうほど繊細で優美で、記憶の中のその曲線をなぞっているだけで、日が暮れたり夜が明けたりすることもある。機内モニターのないＬＣＣにスマートフォンを忘れて乗っても、まず退屈することはない。きっと涎《よだれ》も垂らしているだろうし、端から見たらさぞ気持ちの悪いおっさんに見えることだろう。

ゲームも極上の体験だ。ぼくは15歳から19歳までの5年間が人生の盛夏だったと思っている。あんなに楽しい期間は、もう二度と訪れないだろう。ぼくはこの5年間をほぼ「大戦略」に捧げた。戦術級もしくは作戦級の陸戦シミュレーションゲームである。

迫り来る敵の大兵力を相手に、寡兵で航空支援なしで機動防御しなければならない作戦を考えるなんて、震えるほどの多幸感を味わえる。

偏食だったので、鮭と永谷園のお茶漬けだけで数年過ごしたこともある。飽きないのかって？　飽きるわけがない。鮭は毎回毎食表情が違う。同じ切り身パックに入っているからといって油断ならない。噛むごとに異なる味覚がほとばしる。お茶漬けの素は、人生の大半をともに過ごした戦友だ。

物心ついたときから、「この子はしょっぱいものが好きだから、いつか腎臓病になる」と言われ続けた。実際、そうなのだろう。概ね、3袋を同時に投入してかき込む。熱いのも冷たいのもいい。お湯も煎茶もいいが、ほうじ茶も捨てがたい。ただ、先月いつも通り3袋を同時に投じたら、気分が悪くなった。歳をとるとはこういうことか。今は2袋にしている。それでも、目眩がするほど幸せだ。

固い食べ物や冷えた食べ物もいい。米は固ければ固いほどおいしい。お惣菜などを買うときに温めてくれるお店もあるが、「余計なことしちゃ嫌」と思う。口に出すほど勇気はないけど。

友だちはいなかったが、そもそも欲しくなかった。友だちというのは、たまに間違ってできると何かと時間を取られる。定型発達の子はそこに時間を投じるのが嬉しいのだろうし、それはいいことなのだろうけれど、こちらは慢性的に睡眠時間を削って読書とゲームをしているのである。そこに時間を割くのはあまりにももったいなくて、何かの集まりなどに誘われても「もったいない感」が顔に出てしまって二度目には呼ばれなくなる。

それでも、あまり好きになれないタイプの人だと、そこそこ知人関係が長持ちすることもある。尊敬できるような人は、軽蔑されるとがっかりするので（自分のコミュニケーション能力に微塵《みじん》も自信や幻想を抱いていないので、付き合いが長くなるとどんな人にも軽蔑される自信がある）、早めにこちらから立ち去るのだ。そうして、万難を排して作った一人の時間は、成層圏から見る極光のように美しい。

だから、周囲から見ると、どんなにつまらなそうに見える子でも、不幸なのかと心配になる子でも、内なる王国を持っているかもしれないのである。表情がなくても、学校からすぐに帰ってきてしまっても、友だちが１人もいなさそうに見えても、一つのものしか食べられない子でも、本人はめちゃくちゃ幸せなのかもしれない。

同情や介入は、（それがたとえ本人の社会性の助けになるとしても）その幸せを潰してしまうかもしれない。少なくとも、周囲の大人はその可能性を念頭においておくべきなのだろう。

学びのコスト

「この子たちはねえ、教えれば何でもできるんですよ」

前にも出てきたセリフである。

発達障害がご専門のお医者さんによく言われる。きっと励ましてくれているのだろう。

これは嘘ではないが、かといって真実でもない。

教えるという行為にもコストが伴う。「教えればできる」は、「教えなければできない」であり、教えなくても様々なことを吸収してくれる定型発達の子に比べると、発達障害の子にものを教えるのは巨大なコストがかかる。

ここでいうコストとは、お金・時間・努力・その他もろもろの総称である。

人の100倍くらい時間をかければ、なんとかなってしまうぶん、周囲の人間は色々教えようとするのだが、両親にしろ兄妹にしろ祖父母にしろ、無尽蔵の時間を発達障害の子の教育には割けない。それぞれの仕事・学校・生活があり、自分の人生にも時間をかけなければ、生きることの基盤が立ちゆかなくなってしまう。

かといって、「時間がないからこのあたりでいいか」と打ち切ってしまうと、「自分があのときさぼらなければ、この子はもっと社会に適応できた」と自責の念に苛《さいな》まれることもある。

ぼくは自分自身のことも「できないことは、これ以上深追いしてもしょうがないな」と打ち切ることが多い人生だったので（逆上がりも、のぼり棒も、うんていもできない）、そういうのにあまり罪悪感は湧かないけれども、真面目な親御さんほどあれもこれも教えなきゃと疲弊してしまっているケースをよく見る。

誰だって（定型発達の子だって）自分の持っているポテンシャルを１００％引き出すことはできない。もうちょっと肩の力を抜いてもいいのではないか、むしろ抜くべきなのではないかと思う。あんまり無責任なことは言えないけれども。

ところで、「学びの難しさ」は、今は定型発達の子でも表面化しているのではないかと思う。発達障害の子にも関係する話なので、ちょっとだけ記しておこうと思う。

定型発達の子は自ら学ぶ力が高いが、それでも教えてもらうこと、少なくとも学びのきっかけや学びの場が与えられなければ、何かを学び取ることはできない。

その「学ぶ機会」が高騰していると思うのだ。

教育格差が生まれる理由

ある高校の先生にこんな話を聞いた。

「背格好や服装を見ていると、どの高校の子かだいたいわかりますよ」

そこは女子校がひしめいている地域で、最寄り駅を使う高校が4つある。その4校は綺麗に偏差値で輪切りになっているので、学力で見分けるのが一番確実な方法だが、背格好とはどういうことか。読者の皆様ならどう当たりをつけるだろうか。

その先生が言うには(個人の感想です)、均整の取れた体型で身綺麗にして、センスのいい服装なら学力上位校、そうでないなら学力下位校なのだそうだ。

今の学校の現場を知っていると、「まあ、そうかな」という話ではあるのだが、ぼくが子どもの頃の常識とはかなり異なる。その頃の小学校や中学校の先生は、「勉強のできない男の子はスポーツができる」とか、「勉強のできない女の子はおしゃれだ」とか平気で明言していた。

今教室でそんなことを言ったら、セクハラ、アカハラ、モラハラの3連コンボでお釣りがくるが、当時は（少なくとも表面上は）多くの人がそんなふうに考えていたのだ。

ぼくは女の子のことはよくわからないけれども、男の子たちのコミュニティは確かにそんなふうになっていた。勉強をかりかりやっている子以外は、学校が終わるとやたらみんなで集まって街中を駆けずり回っていた。あれは、間違いなく学習行為だ。

ペーパーテストの点は上がらないけれど、体力もつくし、コミュニケーション能力もつく、集団の中での身の処し方も体得するだろう。

ちなみにぼくは、勉強をかりかりするでもなく、野山を駆け回るでもなく、ゲームとプログラミングと乱読に明け暮れていた。まごうことなき引きこもり、時代の最先端である。ひずんだ構造のしわよせは、弱いところへ集中するので、オタクはたいてい社会の歪みのトップランナーである。

ところが今は、遊ぶ場所はほとんどなくなってしまった。

最近よくマスコミでも取り上げられるが、公園は大きな音を立てられない場所、ボールを使ってはいけない場所、全力で走ってはいけない場所になった。子どもの遊び場としては、はなはだ不適切である。

かといって、空き地（昔はよくあった）で遊んでいたら怒られるだろうし、なんならその空き地の所有権を持っている人が管理義務の不履行で事案化されるかもしれない。

野山に行ったら捜索願が出るだろうし、秘密基地でも作った日には補導されるかもしれない。知らない子と無闇に友だちになるとセキュリティ上、好ましくないと注意されるし、その相手が大人だったら通報ものである。

じゃあ、ゲームでもするかと思えば、香川県はゲーム規制条例というすごいのを作った。いったい子どもは何をすればいいのか。

同じことをお金で買うしかない。

思いっきり遊び回っても怒られないプレイパーク、野山の冒険を体験させてくれるフォレストアドベンチャー、同世代の子と触れ合うキャンプ、信頼できる大人とのまじわり……、みんなお金で買える。というか、お金で買わないと手に入らない。すべて有料である。

お金と資源、適切な知見さえあれば、ゲームだってeスポーツといわれ、教育や職業たり得ると再定義されるのである。

親がどのくらい時間とお金を子どもにかけているかは、かなりの程度でわかる。

ぼくは学力が高めの学校も、低めの学校も経験したけれども、その差は残酷なほどである。できる子は色んなことができる、そうでない子はおどろくほど色々なことができない。

ぼくは自分自身の経験からも、学生を教えた経験からも、女の子の育ちのことはよくわからないけれど、先の高校の先生のエピソードは、たぶん同じメカニズムが働いているのだろうと思う。

「個性を活かそう！　勉強ができない子はスポーツやアート、何でもいいから得意なことをすればいいんだ！」という発想は、もう大人たちが過去を懐かしむ幻想になりつつある。勉強はいまいちだけどスポーツは誰にも負けない、といった類型に当てはまる児童生徒は消え去りつつある。

よく教育コストが高いといわれるが、たぶんそれは学費だけのことではない（学費も十分に高いけど）。一昔前だったら、近所付き合いや、子どもをその辺で放し飼いにすることで勝手に修得してきた技能を、お金で買わなければならないから高いのである。

それを補えるとしたら、現状では親の時間をもって代替することが最も現実的だろうが、両親共働きが常態化した社会でどれだけの人がそれを行えるだろうか。

何を覚えるにもお金が必要だとしたら、教育の格差はますます拡大することになる。程度の差はあるけれど、教育を達成するには多額のお金か、際限がないほどの親の時間を投入しなければならない。これは発達障害の子も定型発達の子も同じである。どうやってこの問題を解決すればいいのかなと、最近はいつも考えている。

大学生活と発達障害

大学で発達障害の子を見かけることが多くなった。

これだけ、とりわけ自閉スペクトラムにおいて、軽症化と絶対数の増大がいわれているのだから、そりゃあ大学に進学する子も増えるよなあと思う。

発達障害（に限らず、障害や特性全般）に対応した入試を行う大学も増えてきた。

ただ、受験される方、特に保護者の方にちょっと正しくない伝わり方をしているのだろうと思うのが、入試時の合理的配慮である。

これは、障害の特性に応じて、たとえば手の動きが円滑ではなくどうしても書くことに時間がかかってしまうから試験時間を倍にするとか、通常の問題だと読み取れないのでハイコントラストの問題冊子を用意するとか、構内の移動に補助員が対応するとか、そういう話である。発達障害の子向けに簡単な問題が用意されるわけではない。入った後のことを考えても、適正水準の学力は必要である。

この辺はもうちょっと上手に広報していかないと、誤解を生んで受験者やご家族をがっかりさせてしまうのかなと思う。

受験を突破して大学に入学して以降の生活は、千差万別だ。自分に特性があることをどんどん言っていく子、なるべく言わずにすませる子、友だちを作りたがる子、一人でいようとする子、授業に出るのが好きな子、大人相手のほうがコミュニケーションが楽なので教員……はなかなかつかまらないから（大学の教員は暇な職業の筆頭格のように思われることが多いが、今はけっこう黒に近い灰色なこともある）事務室に入り浸る子もいる。

大学のキャンパスという一つの生活圏の中で、落ち着いて過ごせることはとても重要だ。落ち着いている子は、何か困ったことがあっても周囲が手を差し伸べやすい。

今大学生の年代にある子たちは、多様性の受容やボランティア活動に高い価値をおく教育を受けてきているので、たぶん高い年齢層の人たちがぼんやりと抱いている世代イメージよりもずっと親切で協力的だ。

大学側もノートテイク（大学に進学した発達障害の子の悩みとしては、ノートを取る速度についていけない、が最も多い）のボランティアなどはいつも募集しているので、こうした人たちと良好な関係を結べれば楽しく学べると思う。

積極的に他者と関わる子は良さそうに見えるのだけれども、やはりコミュニケーションの仕方が独特なので（そもそもそこに困難を抱えているから、診断がついているわけだし）、トラブルになってしまうこともある。

小学校や中学校に比べたらS／T比は大学のほうが圧倒的に悪いので、教員や事務員の目はなかなか行き届かない。特に気をつけて見ていたとしても、もう学生さんたちも十分に長じた年齢ではあるので介入のしどころが難しい。

一部の高校で採用されているバディシステムなどを取り入れられればいいのかもしれないが、今のカリキュラムだと学生さんはかなり勉強に時間を割くので、バディとしての負担は過大である。この層への対応が大きな課題だと思っている。

単独行動が好きな子は就活でつまずきがちだ。いわゆる孤立型の子が、集団として有意に高い知的水準を持っているわけではないが、そういう生活スタイルを保ちつつ高校・大学の入試をくぐってきた子だと、やはり勉強のできる子は多い。周囲の助力があまりなくても、学力一本で自分のキャリアを積み上げてきたのだ。

このタイプも一見良さそうなのだが、繰り返し書いているように、今の就職はコミュニケーション偏重である。長いこと一人でやってきた子はここで思ったような結果が得られず落ち込んでしまうことがある。そうすると、キャリアセンターと一緒にサポートしていくことになる。大学院進学率が下がっているので数は減ったが、そのまま大学院に進学する子もいた。確かに大学院なら学力さえあればやっていける。卒業したときの就職口はさらにないけれど。

以前にいた大学では情報科学センターの所長というのをやっていたので、そのときにわがままを言って、発達障害の子に貸し出すためのタブレットを揃えたことがある。先生の声をそのまま文字起こししたり、板書を写真に撮ると、これも文字起こししたりするようなしくみである。しゃべるのが苦手な子は、文字入力すると合成音声で読み上げてくれる。

もうちょっと普及させたかったのだけれど、ぼくの力不足と、写真を撮られたり録音されたりするのを遠慮する先生がけっこうおられたことなどで、あまりうまくいかなかった。

大学の教員は教員免許があるわけでもないし、どちらかといえばみんながみんな個人事業主のような気分で仕事をしているので、なかなか一律の対応が取りづらいのだ。この点は、これから発達障害の子を受け入れていく上で早急に改善しなければならないところかと思う。最近はＦＤ（教育手法の組織的改善）で、他の先生の授業を聞いたりする機会が増えた。それを聞いていると、これ聞き取れないだろうとか、読めないだろうとか、逆に怒鳴られているのだろうか、という授業もある。小・中・高では考えられないほど、先生のやり方は分散している。

ぼくの子など、自分はけっこう元気なくせに、元気で声の大きな人は苦手なのである。勝手なやつだ。だから、ちょっとがさつめの立ち居振る舞いの先生だと涙がにじむことがある。もし大学の授業を受けたらきっといくつかの授業で泣くだろう。たぶん全然向いてない。

これから、学力的には大学や大学院へ進学できる発達障害の子がどんどん増えていくと思うけれど、それが本人にとって幸せなことかどうかは、本人も交えてじっくり話し合うのがいいと思う。学歴の高低よりも、自分に向いたコミュニティに所属できるかどうかが、その子が感じる幸せ度を左右するように見える。

そういえば、ぼくも声の大きい人は苦手だ。日本式の会議だと、ロジックはなくても圧をかけることで議案を通過させようとする人が高い確率で出てくるので苦痛だった。指に唾をつけて資料をめくって回してくるおじさんからも解放されたし、遠隔会議はほんといい。

わかることとやれることは違う

「川の字はさ、縦棒を3本引くんだけど、一番左側のやつは下部分がちょっとだけ左側にカーブするんだよ」

「なるほど。わかった」

「いやいやいや、わかってないじゃん！　また平行になってるよ」

こういうことは、よくある。

自分で考えていることと、入出力がちぐはぐになることは、発達障害の大きな特性の一つだ。

でも、「それで何が困るのか?」は、今ひとつピンとこないだろうと思う。それで、ちょっと思い出したことがある。

これは、ぼくの話でもなく、ぼくの子の話でもない。ぼくのゼミのメンバー（架空の人物という設定でいきましょう）のエピソードだ。彼は別に発達障害ではなかったけれど、ちょっと入出力がちぐはぐな傾向があった。

あるとき、ゼミの研修旅行が企画された。

ぼくのゼミではとても珍しいことである。好きでぼくのゼミに入ってくる子など、アニヲタかヘビーゲーマーしかいない。ぼく自身がそうなのだから、似たような人の巣窟《そうくつ》になるのは自明である。

前任校では学生さんがゼミを選ぶために、ゼミで何をやっているのかテーマを掲げて紹介する時間があったが、ぼくのゼミはいつも「リハビリ」だった。別に作業療法などについて研究しているわけではない。ゼミが始まるとまず、「朝起きる生活をしよう」「1日1度くらいはコンビニに行って、レジの人と『いくらですか』などの言葉を交わそう」とやっていたのだ。いや、盛っているけど嘘ではない。

そんな人たちで構成されているので、余計なことで外に出ようなどと発想するわけがない。

まことに緊急事態宣言向けのゼミである。

　でも、ある年のゼミで、「せっかく大学が研修所を持っているのだから、利用しないのはもったいない」という話になった。まったく、魔が差したとしかいいようがない。箱根を歩くことになったのである。

　とはいえ、全員が自分の性質を理解している。無理をする気などさらさらなく、ハイキングはおろか、ピクニックですらなく、病後の歩行訓練くらいのルートにしようと満場一致で決まった。まさにリハビリである。

　ルートは発案者が考えてくれることになった。ところが、彼の地図読みが怪しいのだ。地図が理解できないわけではない。むしろ記号や等高線などへの理解は深かった。でも、地図帳（なつかしい。グーグルマップではなかったのだ）を見開きにしたときに、「左ページと右ページの接続は必ずしもシームレスではなく、つながっているはずや、つながっていないはずの道がずれて見えることなどがある」という事実に馴染めなかった。

　最初に彼が提案したルートに、みんなは驚いた。

「このルートで行きましょう」

「え？　この道つながってなくない？」

明らかにぶった切れている道なのだが、彼はそれは左ページと右ページの段差であって、実際には道はつながっていると主張するのだ。

これはさすがにまずいという危機感を皆が覚え、彼にはアドバイザーをつけて再度ルートを検討してもらうことにした。


そして、リハビリの当日、道は途絶えたのである。


「これ！　明らかにつながってない道じゃん！　このずれは、製本ミスとかいう解釈でなんとかなる水準ではないよね⁉」

「えー、そうですかね？」

「アドバイザー！　アドバイザーは仕事しなかったの⁉」

「いやー、行ける気がしたんですけど」

詰んだ。アドバイザーは認知は正確だったが、性格が超楽観的だったのである。

かくしてお気楽な歩行訓練は、阿鼻叫喚の地獄と化した。道に迷ったのである。まして、インドアを蹴飛ばしてインドアで煮染めたようなメンバーたちである。降って湧いた不幸に耐性があるはずもない。

「もう、歩けません。ぼくを置いていってください」

ぼくは、ラノベや映画以外で、はじめてこのセリフを耳にした。おそろしいことである。ことほどさように、思考と行動の齟齬は大きな困り事を生むことがある。

どこに居場所を見つけるか？

発達障害の子は、どこに生きる場所を見つけるべきなのか、ずっと考えている。これは自分のテーマでもあるからだ。

幼稚園で集団に混ざったときから、どうも「ここじゃない」感はずっとつきまとっている。とにかく人の集団の中にいるとへとへとになるのである。帰宅部と定時退社は人生のデフォである。

でも、日本の組織はそれが学校であれ会社であれ、そこのきちんとした成員になるためには、家族的な濃密さ・親密さを求められることが多い。決められた時間を超えて学校や会社にいること＝組織に貢献することだとしたら、いつまでたっても居場所は見つけられないというか、どんどん居心地は悪くなる。

たとえば職能給といっても、そこでいわれる職能とは日本の場合、仕事の技能だけではなく、人格や転勤・長時間労働を厭わない精神の有り様が入ってくる。もちろん、諸外国だって管理職には求められるが、出世なんか望まない一般職・現業職でも要求されてしまうのがつらいところである。

これは将来、ろくな大人になれないぞ。と、なんとなく悟ってしまった。

なにせこちらは、セリフが一つしかない村人8の役を回避（ずる休み）するために、ひと月も前から言い訳を考え、工程表を作り、伏線をはり、強靱《きょうじん》な意志でそれを回収し実行するほどの集団活動嫌いである。

大学のときには、数百人が入る階段教室で「これから当てていくから、どうしても嫌な人は退出していい」という先生の冗談に律儀に反応して本当に退出した3人の中の1人でもある。そんなことをすれば、まっとうに答えるよりも目立つし恥ずかしいのでは、と言われれば本当にその通りだと思うのだが、こればっかりは性分でどうにもならない。見事に、学校・職場で「仲間になれなそうな人」なのである。

いっそ、変な人として生きていく手はある。

ぼくは人前でしゃべったり、演じたりするのが本当に苦手だが、実際にやるとけっこううけるのを、理解してはいた。

そりゃあ変な人なので、受け答えなどがいちいちずれている。笑いの対象にはなるのである。

これはぼくの子も同じだ。

ぼくの子は、ぼくよりもずっと程度が重い症状を持っているが、異様に物事に対して積極的で学芸会だろうが何かの公演だろうが、何でも出るのが好きである。自分と違って人生が楽しそうでいいなあとは思うが、見送るときはいつもひやひやしている。

先日も、クロースアップマジックを見物に行ったら、ステージに引っ張り上げられて（上げられる確率が常軌を逸して高い。きっと本人がとても登壇したそうな顔をしているのだろう）大受けしていた。まあ、確かに面白いのだ。天然芸といえば、これ以上の天然ものはないだろう。ガチである。

ただし、これは舞台というハレの空間、日常と切断された空間だから許されることであって、日常の教室では怒られてばかりいるし、アクティビティにも参加させてもらえないことが多い。

これも然《しか》りである。

休日に芸人の芸を見に行くのは面白いが、職場の同僚が芸人だったらちょっと考えてしまう。いいことばかりではないだろう。

だから日常でないところに居場所を見つけてしまうのである。

大学の教員というのも、日常でないというか、ちょっと変なことがむしろキャラクタの確立に役立つような商売なので、ぼくはそこを狙った。

もちろん大量一括採用がある仕事ではないから、なれるとは限らない。ぼくも「40代までになれれば御《おん》の字かな」と思って、民間企業をたくさん受けた。ただし、そこも変な人枠である。スポーツをするアクティビティがあって、「ふだん着ている、動きやすい服装で来てください」と言われたので、レーシングスーツを着ていったら気に入られたのだ。これは狙ったわけではなく、他に運動するための服を持っていなかっただけだけれど。

民間にそんな枠があるかと疑うだろうか。

他の職種はよくわからないが、「そういう人って、ちょっと変わってるところがあるよね」というコンセンサスがある（のか?）、研究職や技術職を志望した。すると、「高校は行ってなくて、大検でしのいだんです」とか「1日20時間近くゲームをやりますが、ゲームのプログラムで収入もありました」とかいったエピソードを、なんだか武勇伝のように錯覚してくれる企業が出てくるのである。有り難いことである。

ただ、そうした「変わった人枠」は、社会の中にそんなに数が用意されているわけではない。もうちょっと増えるといいんだけれども。

7　コロナ禍での日常

新型コロナウイルスと自宅学習

学校通うの嫌いだったなーと。

コロナ対応で自宅待機になった子どもたちを見て、久しぶりに思い出していた。

今からすると信じられないことである。なにせ今はうちにいると肩身が狭いので、できるだけ仕事を入れて出校しているのだから。大学なら少なくとも、人間扱いはしてもらえる。とても良い場所だ。

ぼくは学校の何が嫌いだったのだろう。なんとなく威圧感のある校舎の佇まいとか、そこに至るまでの満員電車とか、なんならふとんから出るのが嫌だなあとか色々考えつきはするのだが、やっぱり人前に出るのが嫌いだったのだ。

校舎に威圧感があるといっても、忘れ物を回収しに夜の学校に忍び込むのは楽しかったし、ＡＨ‐１コブラの対戦車ミサイル斉射が見られるとなれば、どれだけ混雑していようとも富士総合火力演習には行ったのだから、その他大勢の役割が振られているうちはたいていどこでも行けるし、いられるのである。

学校という場所は、傍観者でい続けることを許してくれない。何かにつけて、主役のお鉢が回ってくる。もちろん、スクールカーストの上位にいて、いつも人生の主役を張っている人たちに比べれば、それは一瞬で通過していくものなのだけれども、それさえ負担に思う子はいる。

ぼくは与えられたタスクは全うしなければ、と思い詰めるタイプではなかったし、嫌なものから逃げるのを恥とも考えていなかったので（どうせ恒常的に恥はかいているのだ）、我慢の閾値を超えることはなかったが、生真面目な子は生きづらかったと思う。

大学の先生になったときはとてもきつかった。研究や執筆が好きなので、なりたい職業ではあったのだが、そういえばもれなく授業もついてくるのだった。さすがに学生さんが待っていると思うと逃げるわけにもいかなくて（人生ではじめて人生と向き合った気がする）、授業がはじまる5分前まで自分の研究室で机に突っ伏して「恐怖の大王が降ってきて、授業中止にならないかな」などとうだうだ考えていた。

それがこのコロナ禍である。

休校期間中の学習に対応するために、教育関連企業はいっせいにオンデマンドや遠隔による教育サービスを無償解放し、自前のリソースを持っている学校もそれに追従している。もともと増えるいっぽうの教育現場の作業工数を緩和するために、ＤＸ（デジタルトランスフォーメーション：デジタル技術を前提として、ビジネスモデルなどを抜本的に変革し、新たな成長・競争力強化につなげていくこと）を使った教育自動化は進められていたが、反対の声や規制も大きかった。それがこの機にブレイクした形である。

やればできるんじゃない。

そう思った。ふだん何か新しいことを始めようとするときに立ち塞がる鉄のルールやもっともらしい理論武装が、実は脆弱《ぜいじゃく》であるのを知ることは非常時には珍しくない。今回もそうだ。

もちろん、人が集まって学んだり、働いたりすることのメリットは否定しない。人が集まることは力になり得るし、顔を見なければわからない機微もある。でも、遠隔でできる学びも、仕事もあるんだ、その質は意外と高い水準に達しているんだということが、今回のインシデントで広く伝わったのではないかと思う。今も、自宅で、ほっとしながら学んでいる子が一定数いるだろう。

コロナ対応が終われば、児童・生徒・学生たちはそれぞれの学校に戻っていき、通常のクラスルーム型授業が回復するだろう。でも、そのとき、学生たちが取り得る選択肢が、騒動の前よりも広くなっているといいと思う。自分にあった環境を与えられれば、能力を発揮できる子は多いのだから。

リアルな人生を楽しむスキル

コロナウイルスをめぐる騒動で、実感したのだけれども。

どれだけ家に引きこもっても、飽きない。

書籍・コミック・アニメ・ゲーム。残りの人生をすべて費やしても、味わい尽くせないほどのストックがある。

ふだんだったら、いい歳した大人がこれらに耽溺して何百時間も消費するのは確実に眉をひそめられるけれど、今はそれが社会貢献になるという。

ぼくは日頃社会に貢献していない人間なので、今回限りは一世一代の社会貢献をしようと思う。おうちでゲームをして、アニメを見よう。余計なことは絶対何もしない。

しかも、まるで狙い澄ましたかのように4月10日には「FF7R（ファイナルファンタジーⅦリメイク）」が発売になった。これ、嫌でも社会貢献できるやつ。もうこっちの世界に戻ってこれなくてもいいや。

これは久しぶりの感覚だ。高校に行かずに5年間を投じ、「信長の野望」と「大戦略」をやり続けた、あの至福の日々を思い出す。最近の自分が年老いることで、いかに人生の比重が仕事に移ってしまっていたかを痛感した。やっぱり人はゲームしないと。生きてるって実感が湧いてこない。久しぶりに、人生を自分の手に取り戻した気がした。人生は素晴らしい。

こんなことを書くと、「うちの子がこんなになっちゃったら、どうしよう」と恐れおののく方もおられると思う。でも、そんなに心配しなくていい。自閉傾向のある子はこのようなイメージを持たれがちだけれども、実態としては本当に多くのバリエーションと振れ幅があり、かなりの子が学校生活を楽しんでいると思うからだ。

ぼくは小学生の頃からなんだか生きづらいなあと思っていたし、人生ではリスクを取っていこうと思っていた。事故とか病気とか、積極的に回避したり対策したりしないほうが、早く楽になれるだろうと考えていたのだ。

だから、今回のコロナ禍でもかなり鈍感な反応しかしていないと思う。もちろん、人にうつしでもしたら大変だし、「FF7R」のために巣ごもりしているので結果的に超安全行動を取っているのだけれども、自分がかかって亡くなるぶんにはまぁ……という感じである。ところがぼくの子はコロナウイルスをめちゃくちゃ怖がっているのである。

「たまには、体を動かすためにその辺を歩いてこようか」

「コロナにかかりたくないから行かない」

「ソーシャルディスタンス戦略準拠なら、散歩はいいらしいよ」

「可能性は減らすべき。早く流行を終わらせて学校行きたい」

自分が小学生のときとはえらい違いである。ぼくは学校なんてなければないほどよかった。

「学校好きなんだ？」

「友だちに会いたいからね。あと長生きしたい」

これは決して友だちとうまくいっていることを意味しない。いや、むしろうまくいっていない。多くの自閉症児にとって対人コミュニケーションは鬼門である。ぼくの子は、人の話を聞いていない。誰かに話しかけるのは好きだが、相手が自分の話をどう思っているのかも、まったく気にしていない。

コミュニケーションに双方向性はなく、電気通信でいえば単向通信、ひいき目に見て半二重通信である。どう考えてもコミュニケーションに難しかないのだが、学校に行くのは楽しそうだ。

これはぼくの薫陶が良いわけでも、本人の能力値が高いわけでもない。リアルな人生を楽しむスキルだろう。そして、自閉症の子は意外とこのスキルが備わっている子が多いと思うのである。

しゃべらない子も、座っていられない子も、几帳面な子もいるのだが、けっこうみんな学校が好きそうだ。特別支援学級や特別支援学校というと暗いイメージを持つ方も多いかもしれないが、実態は割と清潔で楽しげである。少なくとも、自閉傾向のある子がみんなゲームに耽溺したり、現実よりも妄想のほうを好きになったりするわけではないから、安心して欲しい。

「今は引きこもることが社会貢献だから、一緒にゲームやってみない？」
「一日中やるようになっちゃうのが怖いからやらない。あと、外に出ないときも、ちゃんとご飯は食べたほうがいい」

正論だ。しかし、余計なお世話である。

ウイルスは目に見えないから、教えるのは難しい？

「ウイルスは目に見えないから、大変ですね」と心配してもらった。

たぶん、

自閉症の子は五感に入力される情報のうち、視覚への反応が最も大きい

←

言葉を換えれば、視覚以外のものへは反応が良くない

←

ウイルスのサイズ感はナノメートル級だから、どう頑張っても目に見えない
←
目に見えないものは、理解できない
←
理解できないものは対策できない
←
このコロナ禍の中で大変ですね

という思考プロセスが踏まれた上でかけていただいた言葉だと思う。有り難いことである。

でも、視覚優位というのは、肉眼で見えないものが認識できないとか、わからないということとはちょっと違う。

ウイルスは直接見られないけれど、顕微鏡写真とか大好きだし、駆《く》虎《こ》呑狼《どんろう》の計（敵を誘い出し、留守を狙う）といった概念も、いい感じでポンチ絵にするとはまる。

視覚情報だとわかりやすいというのは、可視化されたもの全般を含む言い方である。グラフでも、擬人化でも何でもいいと思う。

だから、インドで活躍中のコロナウイルス状のヘルメットをかぶったおまわりさんの画像を見せると、あれが目に見えない小ささだけれども実在していることは飲み込める。で、「どう気をつけても手につくぞ。そしてその手で、目や鼻や口にさわると感染してしまうのだ！」とかやると恐れおののく。

確か、なまはげのときも泣かせてしまった。節分の鬼でもちょっと追い込みすぎた。サンタに扮したときも、「サンタの服は、子どもたちの返り血で紅く染まっているのだ!!」とかやって、阿鼻叫喚になった記憶がある。ぼくもたぶん、加減がわからない人間なのだ。

コロナの件ではちょっと薬が効きすぎて、「怖い怖い」と何でも足で操作するようになってしまった。以前からめんどくさがりで（クレーン現象があった頃から変わらない）、隙があれば足で操作する構えを見せていたので、いい口実を与えてしまった気もする。

ただ、「可視化されたものは理解しやすい」と、「可視化されたものに興味を持つ」は、似ているようでだいぶ開きがある。

ぼくはだいぶ昔に、『郵便と糸電話でわかるインターネットのしくみ』（集英社新書）という本を出したことがあったので、「これをなんとか子どもたちに可視化してやろう、うひひ」

と思ったのである。

ただ、郵便のモデル化はだいぶ大規模になるし、糸電話はからむので、ビー玉コースター（パーツをつなぎ合わせて、ビー玉を転がす経路を作って遊ぶやつ）を使って、「ここがアクセス線で、ここがスイッチングハブ、これはルータ。パケットはビー玉だ」とやり始めたら、楽しくて止まらなくなった。インターネット模式化のためだけにキットを追加で買って、一大作品を作り上げた。当然、制作中は子どもたちはコースターで遊ぶことができない。ぶぅぶぅ文句を言われた。


初夏のある日、ビー玉インターネットはロールアウトし、最初のパケットは素晴らしく見事に光ファイバに見立てたプラスティックの経路上を疾走したが、喜んだのはぼくだけだった。

「これがインターネットのしかけだよ！」と舞い上がっても、肝心の子どもは「どうせ転がるならミニカーがよかった」と否定的な感想を口にし、定型発達の双子の相方も「いつになったら、これを自由に作り替えられるのだ」というじっとりとした視線を無言で注いでくるだけだった。可視化すればいいというものではないのだ。

自分の好きなことを話したり作ったりし始めて、その場にいるすべての人をおきざりにしてしまう、あるいはおきざりにされてしまうのは、自閉っ子はもとより、オタク全般に見られる傾向である。

ぼくは確か去年か一昨年も授業中に整数化関数ＩＮＴの説明をして、「ＩＮＴといえば、『エヴァンゲリオン』の赤木博士が……」とうっかり話し始めたら１時間くらい使ってしまった記憶がある。今後は気をつけよう。

可視化といえば、ぼくの子は今ちょうど数直線を使って、０とか負数の概念をちびちび覚えているところだ。温度計が好きで何でも計っていたので、身構えていたよりはスムーズな気がする。虚数とか複素平面をどうやって説明つけるかが、次の楽しみである。

自閉症と自粛生活

自閉傾向の子は、人と人との距離感がつかみにくい。

物理的な意味でも、心理的な意味でもそうだ。

成長すると人のパーソナルスペースはだいぶ広くなるが、おいおい大丈夫か、そんなに近づくと毛穴の汚れまで鮮明に見えるぞ、というところまで踏み込んでくる子もいれば、そこまで離れてると会話というよりはスマホの助けが必要だぞ、というほど距離を詰めるのに慎重な子もいる。

ちなみにぼくの子は前者で、小さいうちはその様がかわいいと言ってもらえることもあるけれど、大人になるとトラブルにしかならないやつである。困った。

で、困っていたら、このコロナ禍である。

お店や施設の「社会的距離」対応も進み、レジ前の行列に1メートル間隔、2メートル間隔のバミリがしてある。

まるで、店舗自体が構造化された学びの場になったみたいだ。

「他の人が不快にならない距離で話そうよ」とか、

「いい感じに間を空けようよ」などと、いくらゆってもなかなか感覚をつかめなかった子も、「ああ、この距離が人と人との適切な間隔か」と、秒で理解できる。

心理的な距離も色々無効化された。

心理的な近しさは、言語以外にも様々な箇所で表出する。身振り手振りや、間の取り方、ちょっとした視線の動きまで。これを追うのは、とっても難しい。

でも、対面でのコミュニケーションの機会が少なくなり、オンデマンド映像やチャットで教育や友だちとの会話が進む今、そういう情報はかなり削ぎ落とされている。

字句とその意味だけなら、理解できる子も多い。繊細微妙な心の機微や空気の解釈は難易度が高いけれども、文章は読める。なので、遠隔授業になって、むしろ学習が円滑に進んでいる側面もある。

ぼくもいいことがあった。

ぼくはけっこう潔癖症である。いや、家とか研究室とかとっても汚いというか、地層のように書類が積み上がって、ド○キの店内のような様相を呈しているので、内情を知っている人には何が潔癖症かと怒られそうだが、油に弱いのである。

ぼくは授業にしろ、本を書くにしろ、プログラムを書くにしろ、ゲームで遊ぶにしろ、ほとんどキーボードを叩いている。物理的な動きでいえば、一日中ほとんどキーボードを打ち続ける人と形容して間違いない。

しかも打鍵スタイルが悪い。かなり筆圧が高い割に、キートップを斜めにスライドするような叩き方をする。だいぶうるさくて、新幹線の中で嫌われるあれだ。

この叩き方は、指先に皮脂がたまるなど、ちょっとでもぬめりを感じると、とたんに生産効率が落ちる。なんだか気持ち悪いのである。タイプミスも多くなる。ポテチ指など最悪である（伸びた爪も大敵だ。昔、中山可穂に『深爪』という作品があったが、ぼくはあれとは別の理由で爪が伸ばせない）。

なので、マイコンを家に迎えて以降は、子どもの頃からずいぶん頻繁に手を洗うようになった。冬になると、周囲に驚かれるほどにかさかさである。痛い。

見栄えも悪いし、でも仕事に使う指なので自分が快適に感じる環境は保ちたいしと堂々巡りするのだが、コロナ騒動でみんな手洗いの回数が増えた。別にそれで手のかさかさが減るわけではないけど、「なんだかあの人よく手を洗うなあ」という目で見られなくなった。だいぶ気が楽である。

お付き合いの飲み会などもとても苦手だったけれども（そんな時間があったら、家に帰ってアニメ見たい）、からんとなくなった。

他にも集めれば、たくさんの事例があると思う。自閉症と自粛生活はなんだか相性がいい気がする。

もちろん、人と直接会うことはとても重要だし、社会の基本構造がそうである以上、自閉傾向の子も、それに馴染んで学んでいく努力が必要である。でも、いくつかの選択肢があって、たまには対面以外のやり方も選べるとなれば、とても助けられる人や、今よりうまくやれる人は多いと思う。

これから日常を取り戻していくであろう社会の中で、今回の騒動を機に、少し選択の幅が広がるといいなと思う。

自閉症の子はオンライン授業に向いている！

グーグルのミートを使った授業があった。

定型発達のほうの子の学校も、自閉のほうの子の学校もだ。

企業なら躊躇なくズームかチームズ、ウェブエックスあたりを選びそうだけど、学校系のユーザはふだんからグーグルのサービスに慣れているし、妥当なところかもしれない。

最初はうまくやれるのかなあと、ちょっと心配だった。

回線品質がばらばらの環境で使うビデオ会議ツールは、独特の遅延感があるし、そもそもコミュニケーションが苦手なのにどうなんだろう、いっそチャットのほうがいいのでは？くらいに思っていた。

ところが。これが案外うまくいったのである。

自閉傾向の子が、クラスルームトレーニングを苦手にする場合、理由はいくつかに集約できる。

・座っていられない
・(聞き取りが苦手なので) 話の速さについていけない
・話す順番がわからない
・誰に注目すればいいのかわからない

これは、まあそうなんだろうと思う。

ここに書かれたことは、ぼくも苦手だ。児童・生徒だった頃も、今も。いや、座ってはいられるけど。

学校は好きではなかった。朝起きなきゃいけないから。でも、それはいい。先生のたいくつな話を聞いてるのもいい、どうせ人生のほとんどはたいくつだ。一番嫌なのは児童が主体性を持って、発言とともに取り組むタイプの授業である。

アクティブラーニング全盛の今の時期に子どもでなくて、本当に良かった!!

いや、いいんですよ。アクティブラーニング。ぼくも、「どうですか?」と聞かれたら、「きっと、いいものですよ」と答える。でも、自分が受けたいかといわれると、絶対に向いていない。

正解のない問題に対して、みんなで議論！　できないよ。先生に当てられる可能性があるだけで、どきどきして授業が頭に入らないのに、きっと学習効率が落ちてしまう。あっちこっちで発言が始まったら、どこを見ていいのかすらわからないし。

本当ならずっと壁の花になってちんまりしていたいけれど、きっとそれだと怒られるので(怒られるのに弱い)、何か無難なことを発言するとして、その場では何が無難な発言なのかを探る能力が低い。

仮にウェザートーク的な絶対の無難さを持つテーマを奇蹟のような確率で思いついたとして、いつ発言していいのかわからない。今がそのタイミングなのか、それとも順番を待つのか、待つとして誰の次に話し始めると一番目立たずに事を終われるのか。

小学校の教室というのは、極めて高度な政治的判断に溢れているのだ。みんなよくあんなに難解なミッションを、表情も変えずにこなしていたものだと思う。ぼくは成績のいい子だったけど（成績しか良くなかった）、とても自己評価の低い子だった。そりゃあそうだ。日常会話を満足にこなせる子たちのほうが絶対に有意な人間である。すでに絶対に手の届かない高みに彼ら・彼女らはいた。

この特質を受け継がせてしまったぼくの子には、本当に申し訳ないなあと思う。そういえばぼくの子は、ぼくには絶対なかった、「何の空気も読まずに、会話に割り込める」特殊技能を持っているが、それは事態を好転させる場合も悪化させる場合もあるハイリスクな能力だ。


ところが、である！

ミートの授業はとってもいいのである。

しゃべっている人は常に大写しだ。嫌でも、この人に注目すればいいんだ、この人の話さえ理解すればいいんだと、わからせてくれる。これだけでも、大助かりである！

しかも、モデレータがつく場合、次に誰がしゃべればいいのかは、先方が割り振ってくれる！　必死の思いで、それこそ人の話が頭に入らなくなるくらい、「おれはいつしゃべればいいんだ」と嫌な感じの汗をかきながら硬直し続けなくていいのだ。状況は向こうからやってくる！

　聞き取れなかったら、録画しておいたコンテンツを見返せばいい。ゆっくり再生することもできる。冴えない感じで「えーと、もう一度お願いできますか？」などと聞いて、人の話の腰を折ってしまったり、会話の場をしらけさせたりしなくてもいいのだ。なんて気が楽なんだろう！　まるで自分がいっぱしの人間になった気持ちだ。どうしても逃げたくなったら、通信回線の不調を理由に落ちることだってできる。ぼくにとっては、ほとんど万能のツールである。

　ぼくの子もいたくミートを気に入って、さくさくと授業を進めていた。やつはパソコンやタブレットの前だと、正座すら長時間していられるのだ。今のところのトラブルは双子の片割れと授業時間が重なって、機材の取り合いになったくらいである。

　ずっとうちにいたら体に悪いし、友だちとの触れ合いも楽しんで欲しい。経済だって回さないとまずいけど、遠隔授業は十分以上に素敵だった。自分の遠隔会議も含めて、「一段落したら終わっちゃうのかあ」という気分である。

これは本当に発達障害なのだろうか？

日本の医療の現場で使われている診断基準は概ね、アメリカ精神医学会のＤＳＭシリーズだと思う。行政的にはＩＣＤ（疾病及び関連保健問題の国際統計分類）を使うんだろうけれど、医療や療育の現場であまり言及されることはなかった。

ＤＳＭシリーズは出版される度に割とぽこぽこ内容が変わるのだ。冒頭でも記したが、この書籍もそろそろ終わりなのでもう一度まとめておこうと思う。

ＤＳＭシリーズの現在の最新版はＤＳＭ－５である。ぼくが一番療育に時間を割いていた時期は、ちょうどＤＳＭ－５が出た頃だったので、まだまだＤＳＭ－Ⅳが幅を利かせていた。当時の会話や診断などはそのまま書いているので、本書の内容と今の医療現場で交わされるやり取りはズレが生じていると思う。

たとえば、ＤＳＭ－Ⅳの内容はこんなふうだった。

（大分類）

通常、幼児期、小児期、または青年期に初めて診断される障害

（中分類）

精神遅滞

学習障害（以前は学習能力障害）

運動能力障害

コミュニケーション障害

広汎性発達障害

（小分類）

自閉性障害

レット障害

小児期崩壊性障害

アスペルガー障害

特定不能の広汎性発達障害（非定型自閉症を含む）

注意欠如および破壊的行動障害

幼児期または小児期早期の哺育、摂食障害
チック障害
排泄障害
幼児期、小児期、または青年期の他の障害

これがDSM‐5では、このように置き換わっている。

（大分類）
神経発達症群／神経発達障害群
（中分類）
知的能力障害群
コミュニケーション症群／コミュニケーション障害群
自閉スペクトラム症／自閉症スペクトラム障害
（小分類）
自閉スペクトラム症／自閉症スペクトラム障害

注意欠如・多動症／注意欠如・多動性障害
限局性学習症／限局性学習障害
運動症群／運動障害群
他の神経発達症群／他の神経発達障害群

一見して、だいぶすっきりしている。自閉系では細かな小分類がなくなった。広汎性発達障害の中に自閉性障害やアスペルガー障害があるのではなく、自閉症スペクトラム障害は自閉症スペクトラム障害である、とまとめられた。

実際、小分類は加齢とともに移行することも多いと思うが、一度診断がついてしまうとそれを永遠に背負った気分になる。また、自閉性障害もアスペルガー障害も本質的な差違はないと思うが（だからＤＳＭ‐５ではまとめられた）、保護者の立場だとどっちに分類されるのかはやきもきするところだと思う。

ＤＳＭ‐５への改訂については賛否両論あるが、「現実の生活で困っていることは何か」によりフォーカスした分類にしたかったのだと思う。

スペクトラム（連続体）という概念が導入されたのも、ＤＳＭ‐５の特徴だ。重い自閉症の子も軽い自閉症の子も、定型発達の子も地続きであって、程度の差である、という考え方だ。ＤＳＭ‐５として明文化される前から、けっこう普及していたと思う。何か閾値のようなものがあって、そこを超えると定型発達、手前側は障害児とばっさりやれるわけではないと考えるものだ。

　これは知的能力障害などにも導入され、ＩＱが70を下回ったから知的能力障害と断じるのではなく、生活でどのくらい困っているかを重視して判断する。

　障害を持つ子にとっては希望のある考え方だが、境界領域にいる子にとっては進路などを決めるときに迷うことにもなった。もちろん、人生で手にする選択肢は、多いに越したことはないが。

　また、障害を持つ子は、実際にはいくつかの特性を併せ持っていることが多い。ＤＳＭ‐Ⅳでは広汎性発達障害の診断がつけば、ＡＤＨＤの診断がつくことはなかったが、ＤＳＭ‐５の基準だと両方がつく。本人に即したサポートをより行いやすくなったといえる。

　診断基準が緩和された区分もある。たとえば、ＡＤＨＤを発症するのは7歳までと定められていたが、ＤＳＭ‐５ではどの年齢でも生じ得ると認識が改められた。

サポートを必要としている人に、きちんとしたそれが届きやすくなった反面、ちょっと懸念していることもある。いわゆる「大人の発達障害」だ。

大人になってから、発達障害の診断がつくケースである。

発達障害はその定義からいっても、大人になってから発症することはない。先天性の障害である。

発達障害は、当事者だったり、学校の現場にいたりすると避けて通れない話題なので、これらの人にとっては世界を埋め尽くすような話題に感じられるが、一般にさほど知名度が高い障害ではないだろう。特に家庭に困難を抱えているようなケースでは、医療情報にアクセスできないことも多い。発達障害であっても、そういう障害を知らない人は大勢いる。

そうした人が生きづらさを抱えたまま成人し、何かのきっかけで受診・診断に至る事例はままあると思う。スタートは少し遅れたかもしれないけれど、適切なサポートが得られるとよいと思う。

一方で、これは本当に発達障害なのだろうか、というケースも目にするようになった。マスコミなどが多く取り上げてくれるようになったので（知識が広く行き渡るのは良いことだ)、そうした障害を知り、自分もそうではないかと配慮を求めるケースである。学生さんでも割といる。

基本的に今の障害に対する考え方は、困ったことがあれば障害、日常生活に困難がなければ仮に障害のように見えてもそうではない、という発想なので、配慮を求められれば対応をする。軽めの症状でも、困難を覚えている人にとっては生活上の重大なハードルであるから、サポートへのアクセスは積極的に行うべきだ。

でも、たとえば自閉スペクトラム症であれば、その定義である「対人的、情緒的関係に困難がある」とか、「常同的または反復的な行動」などが観測できず、本人がそうだと思い込んでいるだけなのではないかと疑問を持つ事例が増えているように思う。

ひょっとしたらその子にとって必要なサポートとは、比較的そうしたものを出してくれやすいお医者さんを探してドクターショッピングをし、診断書や薬をもらうことではなく、学習の習慣をつけたり、友だちと接する時間を少しずつ増やしたりすることなのかもしれないのに、「発達障害」という良さそうな診断に飛びついて、取り敢えずの心の安寧を求めてしまっている感触である。

マスコミがフォーカスする発達障害像も、軽症例へシフトする傾向がある。中には、にわかには発達障害には見えないものも含まれているように思う。そのため、「発達障害とは本当にサポートする必要がある障害なのか」、「単にわがままな子を発達障害とカテゴライズしているだけなのではないか」などの言葉も聞かれるようになった。

ぼくの世代だと、障害者といえばまずは身体障害の人や、目や耳の不自由な人のことだった。その他の障害区分のことは、よく知られていなかった。知らないことは怖いことなので、当時の子どもたちはたまに統合失調症の人などを見かけると、怯えて逃げたりもした。だから、発達障害のことがたくさん取り上げてもらえるようになったのは喜ぶべきことなのだけど、取り上げられ方によってはちょっと心配になることもある。

困っている人がいればサポートするべきだから、「発達障害」が包含する範囲や、その言葉の認知が一般へ広がっていくのは良いことだと思う。多様性を謳う社会の中で、その片隅でもいいから、居場所が作られていくといいと思う。

一方で、用語が普及する過程で、その意味の拡散と独り歩きが発生するのもまた避けられない。これは本当に悩ましいところだ。発達障害の子は本当にサポートを必要としているのだが、認知が進む中で「この人たちにサポートの必要はない」と断じられないと良いと思う。

どうか「今」を楽しんでください。　あとがきに代えて

1年半ほど続けさせていただいた連載を、書籍にまとめていただく機会を得ました。本当に有り難いことです。企画・編集をしてくださった光文社の三宅様と、本書をお手にとってくださった読者の皆様に心より御礼申し上げます。

ぼくは物事をコンスタントに続けるのが苦手です。本を書くのは大好きな仕事ですが、お話をいただくと、書き上げてしまうまでなんだか落ち着きません。編集の方がせっかく気を遣って、「3か月間の執筆時間を取りました！」とか言ってくださるのに、最初の2週間でまとめて書いてしまったりします。

数日間の徹夜や半徹は苦になりませんが、「毎日」「安定して」「1時間ずつ」「こつこつと」仕事をしましょう、というのができないのです。どかんと苦しんで、どかんとゲームで

遊びたいです。

学校に通っていた頃は、夏休みの宿題を初日にやってしまうか、最終日までとっておく生徒でした。たいていは初日からの数日で終わらせてしまった気がします。この特性のおかげで何かを忘れたり、遅れたりして怒られることは少ない人生でしたが、教員の意図や望むべき人格形成からは遠く外れていたことと思います。

そんな自分が文章を、毎週、定期的に書くなんて、無理なのではないかと思っていましたが、１年半も続けられたのはひとえに温かく見守ってくださった読者の皆様のおかげです。

書き始めて驚いたのが、子育ての細かいエピソードを意外に忘れていることでした。見たものを大概忘れない特性に甘えて、高校にも行かずに大学へ進学しましたが、歳をとって記憶力は順調に衰えています。

障害のある子を授かって、すごく不安に思ったことや、割と頻繁に遭遇した嫌なこと、なんだろう、たとえば本来味方だと思ってよさそうな医療や福祉、行政の人の中にも、にこにこ応対はしてくれつつも、実はその施設に入れないようにちゃくちゃくと外堀が埋められていたりとか、タクシーに乗車を拒否されたりとか、逆に発作を起こしてこちらは青くなって病院に駆けつけようとしているのに明らかに迂回ルートでメーター稼ぎをされたりとか、障害を持っているのは子どもなんだけれども親にも赤ちゃん言葉で応対されたりとか、双子の姉は定型発達らしいけれどもきっと能力値はとても低いのだろうと最初から見積もられたりとか、定型発達の子は騒いでいてもあんまり注意されないけれども、障害のある子のほうが少しうるさくするとひどく叱られたりとか。

そういう一つひとつは大したことがないし、なんなら杞憂にすぎない、でも確実にメンタルを削り取っていくようなことごとを、割と忘れ去っていたり、いい想い出に美化していたりしました。

直面しているときは、超えられないハードルのように感じていたエピソードが、あんなに鮮烈だった苦悩や痛みが、後から振り返ると輪郭のほどけた曖昧な記憶になっています。

なーんだ、と思いました。

こんなことなら、あんなにびくびくしないで、もっとゆっくり子育てを楽しめばよかった。嫌われちゃうかな、とか遠慮しないでたくさんの場所に連れていってあげればよかった。などと思います。

本書を読んでいただいた方の中にも、今まさに大変な時期を過ごしておられるご家庭があると思います。どうしても、先のことばかり考えたり不安になったりしがちですが、もっと今を楽しんでいいのだと思います。また、世間は自分が思うほど、自分やその子どもに関心がありません。外に出るのが怖くなるときはあるけれど、もっと陽の当たる場所に出ていっていいのだと思います。

お子さんが5歳のときや6歳のときは、その瞬間にしかありません。どうか「今」を楽しんでください。

その頃のことを忘れないように書き留めていたブログも消えちゃったんですよね。文章にする機会があったらネタ帳にしようと思っていたのですが、あれは痛かった。ヤフーブログなくなっちゃったんですね。ふだんゲームしかしていないので世の中の動きに疎いんです。

ぼくは自閉スペクトラム症の傾向をけっこうたくさん持っていますし、生活歴からいっても十分その気があると思いますが、診断がつくほどではありません。いっぽう、ぼくの子は10人の医師に問えば10人とも深くうなずく、純度１００％の診断書持ちです。

さぞかし大変だろうなあ、と思うのですが、本人はとても楽しそうに過ごしています。友だちもたくさんいます。ぼくは友だちがいないので、羨ましいです。

ぼくは子どもの頃から、人の集団の中に入るのは怖いなあ、生きていくのがしんどいなあ、長寿になっちゃったらつらいなあ、などと考えていましたから、それと比べたら人生を満喫しているように思います。

　これは障害の特性以前に性格の問題が大きいと思いますが、きっと障害のある子を受け止めてくれる社会の側もとてもとても良くなっているのでしょう。ぼくは、いつも朝がやってくるのが怖い子でしたが、これからの子はそうでないといいなあと思います。

　ぼくはふつうであれば、そろそろ子育てから離脱する時期です。実際、定型発達の娘のほうは思春期に突入し、もう目も合わせてくれませんし、家族の会話もありません。でも、双子の片割れの息子のほうは、そんな気配もなく幼稚園の頃のように無邪気に接してくれます。まだまだ子育ての楽しい期間が続きそうで、障害のある子の親の特権かなと思っています。あ、娘に不満があるわけではありません。娘に蔑《さげす》んだ目で見てもらえるなんて、ぼくの所属している業界の一部ではご褒美と呼ばれて尊ばれます。

　自分は通信分野を専門に勉強していますが、これからは障害のある子との長い付き合いを活かして、情報システムとソーシャルマジョリティの関係なども研究していければと考えています。

　本を書き、読んでいただくことはコミュニケーションだと思いますが、ぼくはコミュニケーションが苦手なので、独り言みたいな文章でした。でも、読んでくださる人がいて、嬉しかったです。最後までお付き合いいただき、ありがとうございました。

読者の方の質問にお答えします

Q　発達障害の子を育てるのって、お金がかかりますか？

A　ピンキリです。

公教育と公的助成と親類縁者のネットワークを最大限に活用すれば、定型発達のお子さんと同等の費用で育てることも可能でしょう。

一方で、これらの教育資源でできることは（最近良くなってきているとはいえ）やはり限界があり、自分の子のために何かもうちょっとしたい、と思うと、かかる費用は青天井になります。

プレスクールから幼稚園、小学校、課外活動、送り迎え、小旅行まで、ありとあらゆるものに費用が乗っかってきます。障害のある子を受け入れてくれる私教育のシステムは概ね高額です。

私立学校は公教育に分類されますが、障害者受け入れや共生教育を謳う学校の障害者向け学費はやはり高いです。公立学校に進学したとしても、シャドー（補助者）を入れるのであれば、その費用を負担しなければならないこともあります。

落ち着いていられなかったり、知覚過敏があったりする子のためには、移動手段として車が必須になるかもしれません。

ぼく自身は、以前に車のレースをやっていたこともあり、ついつい車をぶつけがちなので、サーキット以外では車を運転しませんが、電車での長距離移動には個室が必要になったりして、費用負担を強いられます。

学校外での療育は、そのお子さんのツボにはまると劇的な効果を現すことがあるので、ついついやめられなくなりますが、効果の大きさと投じる時間は線形になるので、長時間療育すなわち高額の療育になります。

ぼくも含めて、多くのご家庭ではそんな費用負担には耐えられないと考えられるので、そこを人的資本で賄うか、諦めることになります。最新の教育理論や教育パッケージではないなあと思いつつも、費用のかからない学校の支援学級で学ばせ、送り迎えはケアサービスなどは使わずに仕事を抜け出して処理する、習い事は親が教える、電車の中で泣いてしまっても、面の皮を厚くすることで対応する、などです。

専門の人にやっていただくように上手にはできませんし、周囲に迷惑をかけることもあります。また、何よりも自分自身が身体的にも精神的にも疲弊します。このとき頼りになるのは人間関係のネットワークです。どんなに追い込まれた状況でも、話し相手が1人いるだけで状況は改善します。親戚でも友だちでも出会い系でも、話し相手を確保しておいたほうがいいでしょう。ぼくは、人がいないほうが確実にリラックスできる性質なので、ライトノベルとエア友だちで対処しています。

こういう厳しい状況を書くと、障害児教育に理解のある米国はいいなあ、という意見も出てきますが、個人的には「それはどうかなあ」と考えています。米国の権利は、教育にしろ、医療にしろ、介護にしろ「勝ち取るもの」なので、よく成功事例として喧伝されるものは長い裁判の果てに獲得した補助金や入学や入社だったりします。

だから、障害児教育の良い環境を求めて米国に行く、といった対処法はあまりおすすめしません。それだけの資金的・時間的リソースを割けるなら、日本でも同様に良い教育を受けることは可能です。長期戦になるので、肩に力を入れすぎないほうがよいと思います。

Q　療育は早く始めたほうがいいですか？

A　早ければ早いだけいいと思います。

療育を開始するのは、理屈の上でも、（狭いですが）体験の範囲でも、早ければ早いだけいいと思います。たとえば、情報の世界でいうフォールスポジティブが起こっていて、「実は定型発達だったけど、療育を受けていた」という事態になったとしても、何ら害はありません。

ただし、ここでいう療育は、必ずしも集団でのそれを意味しません。少しでも早く集団に混ぜて社会性を獲得したいと、つい焦ってしまいますが、たとえば他者を全然意識できない状態で集団に混ぜても、あまり効果はないと思います。むしろマイナスになる可能性もあります。

ですから、その子の状態に応じて、適切な療育を根気良く続けるのが最善かと。ぼくも最近、通信環境のすごく悪いところで遠隔会議に英語（苦手です）で参加する機会がありました。タイムラグのあるテレビ会議って、とってもストレスがかかりますし、まして苦手な英語です。やり取りに苦労した上にへとへとになって、割と落ち込みました。発達障害の子が、進度の合わないクラスに参加している感覚って、あんな感じなのではないかと思います。

まわりが集団療育に進んでいたりすると心中穏やかでないときもありますが、伸びるときは一気に伸びることもあるので（その辺も能力値のバランス同様、凸凹しています）、焦燥感と上手に付き合うのが大事になってくると思います。

どうしても何かと比較したくなりますし、指標があるって大事なことだと思うのですが、比較の対象は他のお子さんではなく、過去のその子自身が良いと思います。伸びがゆっくりだったり、凸凹したりしていても、発達障害の子もびっくりするくらい色々なことを習得できます。できるようになったことを目ざとく見つけて、たくさん褒めてあげてください。体感値ですけれども、自尊感情が整ったお子さんの予後はとても良い気がいたします。

大学でもそうですが、最近お子さんの自主性や能動性を重んじる教育が重視されています。それに応じる形なのか、あまりお子さんの行動に介入しない保護者の方も増えてきました。もちろん、過干渉は良くないのですが、ある程度の年齢になるまでは保護者の適切な介入は不可欠かと思います。

商売柄、高校生と接触する機会も多いのですが、二極化が進んでいると思います。何もかもよくできる子と、何もかもちょっと今ひとつな子です。ぼくが子どもの頃の、「成績はいいけど、ちょっと服がどんくさい」とか、「生活態度はいまいちだけど、センスが良かったり運動ができたり」といった類型は見かけなくなりました。

この二者を分ける変数は何なのだろうと、長いこと観察してきたのですが、どうも「保護者の方の適切な介入」がしっくりくるのです（個人の感想です）。あまり色々言うと、自主性を削いでしまうのではないかと不安になる局面もあるかと思いますが、年齢の低い子や、まして自閉傾向の特性がある子に対しては、気にせず口出ししてあげたほうがいいのかなと思います。

Q　進学時に特別支援学級をすすめられ、困惑しています。

A　困惑しますよね。ほんとに。

困惑するのは、情報が少ないからだと思います。知っていることは怖くないですし、知らないことは怖いです。「みんなが歩むルート」は、なんとなく知っているので、過大な期待も過大な絶望もしなくてすみますが、一般的に特別支援教育にすごく馴染みがある方は少ないので、恐怖に直面するのがふつうだと思います。

ぼく自身が子どもについて最初に診断を受けたのはある大学病院でしたが、「この子は特別支援教育で遜色ないですね」と言われ、「えー、それは普通級とどんな感じに違いますか？」と問うたら、「これだ！　親ってなんで普通級に無理して入れたがるんだろう？　能力に見合ったところに行くべきなのに。意識低いんだから、やれやれ」といったことを言われ、軽く害意を覚えました。無理して普通級に入れたいとも言っていないし、特別支援教育が嫌だとも言っていない状態でそんなふうに反応されたので、告げる側にもかなりの偏りがある気がいたします。個人的な体験なので、一般化するのは危険ですが。

どの学校・どの教育が向いているのかは、個々のお子さんごとに本当に異なってきますから、あくまで一般論ですが、診断が出ていて、実感としても日常生活で何か困り事があるならば、特別支援教育のほうが向いているかなあと思います。

先生方が構造化した教育環境を作ってくれますし、かなり個々人にカスタマイズされた教育が行われますから、周囲のお友だちと軋轢を起こしたり、勉強についていけずに学校が嫌になってしまう（これが一番引き起こしたくないケースかと思います。おそらくどの子にとっても、学校は社会への一番間口の広いゲートウェイですから）確率を減らせます。

一方で、とても穏やかな環境で育つことになりますから、お友だちからの刺激の入力は小さなものになります。刺激を得てコミュニケーション能力が伸長するポテンシャルがある子だと、この部分がちょっともったいないと思うんです。

後は、勉強の到達点が低くなります。簡易版の国語と算数を主軸に教育を行う学級が多いですから、知的なポテンシャルが高い子には物足りないかもしれません。また、社会と理科の学習が（小学校のうちは）薄いと考えておいたほうがよいでしょう。これらは家庭科とともに「生活」にまとめられていますが、普通級に比べると学びの時間はとても少ないです。ぼくの子は国語・算数が嫌いで、異様なほどに社会と理科を愛していたので、この点は良い環境を与えてあげられなかったなあと、今でも残念に思っています。

どちらにも、メリット・デメリットがあるので、軽々なことは申し上げられませんが、お子さんが楽しんで通えそうな学校をイメージして選択すればいいと思います。ぼくは自分自身が学校嫌いだったので、子どもを学校嫌いにしたくはないなあというのを軸に学級を選びました。

また、特別支援教育に進んで以降、コミュニケーション能力などが改善した場合、普通級へ進学することは可能です。

特別支援教育って、親にとっても未知の世界だったりするので、最初は気後ればかりするかもしれませんが、先生や他のご家族、他のお子さんたちとの距離が近くて、意外と楽しいかもしれません。あの門をくぐるときは、「なんだか思ってたのとかけ離れた場所に来ちゃった」などと感じる人がほとんどで、その場所で「楽しい」なんて感情を得る日が来るとは想像もできないのですが、ほんとにみんな意外と楽しくやっています。

Ｑ　子どもが一日中ゲーム三昧なんですが、大丈夫でしょうか？

Ａ　前提として、一日中ゲーム三昧《さんまい》↓自閉症ではありません。定型発達のお子さんでも、一日中ゲーム三昧の子はたくさんいます。でも、自閉症↓一日中ゲーム三昧になりがち、ではありますよね。ご心配なことと思います。
自閉傾向の強い子は、どうしても興味の幅が狭くなりがちですし、いえ狭いでは足りないですよね。針の穴を通すような視野でしかものを見ていないと思います。ぼくもコンピュータとＦ１とゲームとアニメと二次元女子にしか興味がありません。

「今はこんなに好きなアニメも、大人になったら興味がなくなってしまうのか」と青春期に寂寥を感じたことがありましたが、ついにそんな日は訪れませんでした。

「好き」といえば聞こえが良いですが、その程度は尋常ではありません。ぼくは「FF（ファイナルファンタジー）」のナンバーシリーズなどを始めてしまうと、ついうっかり何十時間か過ぎてしまうことがあります。無意識のうちに水分補給していればいいのですが、それも忘れてしまうときがあって、年齢を考えると命を危うくするレベルです。

夏の午後の金属が歪むほどの暑さや、冬の早朝の空気が止まるくらいの寒さも大好きです。日常が苦手なので、きっと日常から離れた気分になれる極端な天気が好きなのでしょう。ある種の現実逃避の一環というか、異世界転生願望のような気がします。

ぼくの子も、外的に制約を与えてやらなければ、一日中戦国武将の家紋を覚え続けたりしています。やはり社会生活が危うい水準です。だから障害なんですけど。

色々なものを知ったり、様々なものに触れたりすることは人生を豊かにすると思いますので、本人がどれだけ好きそうにしていても、手を引いて違う世界や外の世界を見せてあげることは重要なのだと思います。とりわけ人生の初期においては。

知った上で、やっぱりゲームに帰っていくのであればそれも一局ですが、知らないことは人生の選択肢と可能性を狭めていると思うのです。定型発達のお子さんであれば自分から外の世界に興味を持ち、学び、自ら人生の選択肢を広げていきますが、自閉傾向のあるお子さんの場合はそれを周囲が与えてあげる必要があります。

本人は怒るかもしれないし、嫌だろうけれど、この問題における周囲の適切な介入って大事なんだと思います。

じゃあお前はどうなんだと言われると、ちっとも人生の可能性を広げていないので、偉そうなことは何も言えないのですが、失敗した人の側の意見だと思っていただければ幸いです。

ぼくは、新しい場所や新しい人や新しい行動が苦手な子でした。今でもそうです。いろいろ事情もあって人前に出る機会もありますが、どこに行ってもまずは一人になれそうな場所や放っておいてくれそうな人を探します。

学校なんて何年も同じメンツで過ごすわけですから、家くらいリラックスできる場所であってもよさそうなものですが、毎日通うだけでへとへとでしたし、帰宅してからゲームをせずにはいられませんでした。あれだけつらい思いをしたわけですから、何かご褒美が必要です。たとえそのご褒美が徹夜になって、次の日学校に行くのを難しくするのだとしても。

ぼくはちょっと尋常ではないくらいゲームに時間を使いましたが、当時はそんなに大量のコンテンツも、やり込み要素の強いゲームもありませんでした。だんだんやるべきものがなくなってくると、自分で作らざるを得なくなって、プログラミングに手を出すことになります。

プログラミングはコンピュータとの対話のようなものなので、コミュニケーション欲求はどこかにありつつも、人とのコミュニケーションは苦手だったぼくにはとても楽しいものでした。やはりここでも、ちょっとおかしいくらいの時間をプログラミングに投じることになりました。

そのときの経験・費やした時間は、確実に今の仕事に生きていますが、だからといって万人にすすめられる生き方ではありません。ぼくはゲームの山に囲まれて過労死していたかもしれませんし、おそらくそちらのほうが蓋然性が高かったでしょう。個人的にはそれはそれで幸せなのですが。

だから、先ほどの繰り返しになりますが、違う道の可能性を示してあげられればと思います。といっても、一人で別の趣味は見つけないでしょうし、親御さんと一緒に何かやるのは気恥ずかしい年齢でしょう。リアルなイベントや習い事に出かけるのに抵抗がなければ、どこかに送り出してあげるのもいいと思います。オンラインやＶＲのイベントというのもアリです。

Q　習い事はどうすればいいでしょうか？

A　好きなものを、気長に探したいです。

習い事が心配になるというのは、ある意味でとても幸せなことかと思います。障害児向けのプログラムに参加するにしろ、定型発達のお子さん向けのプログラムに参加するにしろ、ある程度の思考力や判断力、コミュニケーション能力がなければ、習い事をさせようとは思いつかないからです。

たとえば、発達障害の度合いの重い子は、外界とのアクセスに乏しそうに、つまらなそうに見えることがあります（彼ら・彼女らなりに楽しんでいるのかもしれないので、あくまで外部からそう見えるだけですが）。

せっかく生まれてきたのだから、少しでも人生が楽しくなるといいと思って、看護師さんが必死に食事のおいしさ・楽しさを伝えようとしている場面に遭遇したことがあります。その子の人生はきっと食事によって、より彩《いろど》りを増したことと思います。それが習い事ともなれば、人生の可能性や選択肢はもっと広がることでしょう。

定型発達の子に比べると、どうしてもできることが少なくなってしまったり、制限がかかってしまったりする自閉症の子たちですから、機会を捉えて夢中になったり、打ち込んだりできる趣味やアクティビティを見つけるのは、とても価値のあることだと思います。

それから、身も蓋もなく聞こえるかもしれませんが、習い事の間、お子さんを誰かに預けておけるというのも、見逃せない効用かと思います。発達障害の子の相手をするのは、生半可ではありません。

ぼくは情報技術が専門なので、職業柄ＳＮＳなどをよく観察しますが、病気の人の家族がふつうに暮らしているといって叩かれているツイートを見かけます。そりゃあ、見舞客は泣けるでしょうし、胸が詰まって食事が取れなくても問題ないでしょう。彼らには帰っていくべき平穏な日常があります。でも、看病に立ち向かう家族は泣いてばかりもいられませんし、きちんと食事もしなければ看病を続けることすらできません。

発達障害の親も同様で、我が子可愛さばかりで何年も体が保つものではありません。障害の重さなどにかかわらず、一人になる時間は絶対的に重要です。デイサービスなどの施策は10年前とは比べものにならないほど充実しましたが、いまだ全員が享受できるサービスではなく、そうしたサービスに子どもを預けることに罪悪感を覚える親御さんもおられます。

その中で、「習い事に行っている間」は貴重な「一人の時間」になるかもしれません。金銭的な負担はありますし、結局心配でアテンドしたりして全然休まらなかったりもしますが、親にとっても日常のルーティンから抜けて、違う景色を見、異なる時間を持つことは大事だと思います。子どものできることが少し増えただけでも、0歳児の頃の育児の新鮮さにまた触れたような喜びがあります。

このような背景を持つからこそ、自閉症の子の習い事は、本当に好きなことをさせてあげたいなあと思います。習い事をする理由は色々あって、学生などを見ていても、なんだかんだ言って勉強や内申書の役に立つものだったり、将来お金を得られそうなものだったり、異性とたくさん巡り会えそうなものだったりと、本当に様々な動機がその選択の陰に存在します。

どんな理由で選んだっていいと思うのですが、将来に向かって戦略的に選ぶというよりは、今楽しめるもののほうが、笑顔の時間が増えたり、自信がついたりといった、自閉症児にとって喫緊の課題に対する効果が大きそうです。焦って、あまり好きでないものを押しつけてしまうよりは、時間がかかっても本人がしっくりくるものを見つけられるといいと思います。

ぼくの子はギターを習っていて、なかなか上手です。言葉が苦手で、歌わせるとジャイアンリサイタルみたいになるので、それは慎重に回避しなければなりません。ぼくは楽器はからっきしで、ＤＴＭ（コンピュータによる自動演奏）とボーカロイド（ヤマハが開発した音声合成エンジン。派生製品としてクリプトンが世に出した初音ミクが有名）ばかりやってきたので、ぼくより上手なものができて嬉しそうです。

プログラミングはぼく自身が教えて、だいぶ上達しました。まだ、ぼくよりは下手ですが。

前にも書いたように、自閉症の子とプログラミング技術の親和性は高そうなので、本当は自分が関わっているプログラミング教室で自閉症クラスが開講できたらなあと願っています。ただ、これには弊害があって、たいていの子ども向けプログラミング教室のカリキュラムでは、導入部でゲーム的なツールを用います。飽きやすい子の関心を得るためです。自閉症の子はただでさえ常同性を帯びやすいので、ここで引っかかって変なはまり方をすると、何時間でもやり続ける子に仕上がってしまうことがあります。

超大作のＲＰＧなどは、エンディングを見るまで数十時間かかることも珍しくありません。ぼく自身も一度プレイを始めるとエンディングまでは一切の食べ物を口にしない子でした。そうはしたくないんですよね。

なので、ぜひ実施してみたいと思いつつ、いまだ実現させられずにいます。近いうちに、実験的なものをやってみたいです。

Q　子どもの寝つきが悪く、困っています。

A　あーーーーーーーーーーー。
ものすごく、わかります。自分がそうだったんです。

どうしても寝られませんでした。

ぼくは医師ではありませんので、医療的な見地から何かを申し上げることはできません。

自分の不眠が発達に関連して生じているのか、それとも何か別の要因によるものなのかも、きちんと判断できていません。

だから、以下に述べることは、あくまで個人の狭い体験の範囲の知見だとお考えください。

物心ついた頃から、夜の寝つきがすごく悪かったです。

たとえば、年齢的に20時に寝るのが平均値だったとして、

19時頃から意識し始め、
20時になると焦りを覚え、
21時になると哀しくなり、
22時には絶望し、
23時くらいになると開き直って本を読み始めました。

発達障害の子でも寝つきのいい子はいますので（ぼくの子がそうです。ぼくの子は、ぼくよりずっと重たい症状ですが、寝つきはすごくいいですし、学校も大好きでいつも楽しそうにしています。ぼくは学校が好きだったことはないので、なんだか羨ましいです）、全体の傾向として敷衍することはできないと思います。ただ、過敏な子は多いので、それとは関係していそうですよね。

自分のことしかわかりませんけれども、不眠そのものは別につらくないです。

「眠いのに寝られない、のではなく、単に眠くならない」のでした。

今だったら（歳をとってずうずうしくなっていますので）、絶対寝ないというか、何かで遊んでいると思いますが、子どもの頃はぴゅあでしたので、平均的であろうとしていて、「他の子が今頃寝ているなら、ぼくも」くらいのことは考えていました。

寝られないのにベッドには潜り込んでいるので、暇だから焦るというか、ぼくはふつうの子にはなれないのだろうかとか、小人閑居して不善をなすというか、色々考えてしんどかった気がいたします。

後は両親ががっかりするのが気の毒でした。たぶん全然寝られないぼくを見て、「やっぱりこの子はちょっとおかしいな」とか「寝ついたらあれやこれやしようとしていたのに、憎らしい子だな」とか色々考えていたことでしょう。むしろ、そっちのほう（人にがっかりされるほう）がつらいんですよね。

もう少し年齢が上がると、子どもなりにカルシウムを摂ったり、それがマグネシウムになったり、様々試しましたが、劇的に効いたものはなかったです。

そのうち、まともな時間に寝ることは諦めてしまって、そうするとたくさん本は読めるし、ゲームもできるし、いいこと尽くめだな！　と思うくらいには鉄面皮《てつめんぴ》になりました。

ぼくは睡眠時間が減っても、日中あまり眠くならないほうなので、それでいいやと思っていました。唯一の心配は、これだけ寝ていないと背が伸びないのでは？　ということで、実際背は低いままでした。一度は人を見下ろすような身長になってみたかったですが、残念です。

今でも寝つきは悪いままですが、その特性を活かすと30時間連続労働とか、割と苦にならないので、助かっています。大好きなアニメやゲームを大人買いして楽しむときにも重宝しています。

ただ、今だから振り返って言えることで、育ち盛りのお子さんは心配ですよね。まずは、寝ることを怖がらせないようにしてあげたいです。まわりの大人ががっかりしていたり、怒っていたりすると、悪いなあとは思うものなので。

今は大人になったので、「明日の予定を考えると、今日だけは寝ておかないとまずいだろう」という日には、睡眠導入剤を使っています。もともと薬を使うのに躊躇がないほうなので、くらくらする感じを楽しんでいます。ぼくはお酒が飲めないのですが、きっと飲める人はあんな感じの酩酊感なのかなあと思います。

サプリメントと違って、万人に効果があると思いますが、やはりお子さんに使われるのは心配もありますよね。そこはぜひ信頼できる医療機関にご相談ください。

Q　運動は大事ですか？

A　きっと大事なんだと思います。

無限に時間やお金があるわけでもないので、割と後回しになってしまいがちな運動ですが、やはり人の発達って色々リンクしていると思います。

　ぼくの場合はまずぼくが運動が苦手ですし（隙があれば理由をつけて体育を見学していましたし、おそらく逆上がりができないまま一生を終えます）、ぼくの子も、その双子の姉も、おそろしく運動音痴なので指標がなく、運動が不得意なことになかなか気づきませんでした。

　双子揃って逆上がりも、25メートルを泳ぐこともできないので（ぼくは泳げます。小学校のときに5年かけて練習しました。やはり練習って大事だと思います）、小さいうちにもうちょっと運動を習わせてあげればよかったと思っています。

　やはりここでも、得意・不得意の凸凹がすごいので、得意なものを一緒に探してあげるといいと思います。得意なものを増やすと、一緒に自尊心も貯金できるので、それが他のアクティビティにもダイレクトにつながってきます。

ぼくの子はスキーだけは得意で、綺麗なシュテムターンが描けます。ぼくはリフトに乗るのが好きなので山頂まで繰り出すのですが、景色を満喫したら下りのリフトで降りてくるだけの人生だったので、とても羨ましいです。双子の姉は力持ちです。

Q　ＡＢＡって効きますか？

A　応用行動分析（Applied Behavior Analysis）ですね。

障害のある子は個性のばらつきが強いので、一般化するのは危険ですが、効く子にはすごく効くと思います。障害児向けの教育手法の中で唯一科学的なエビデンス（証拠）があると「いわれている」手法です。

ある入力に対して、どのような出力をするかで、その子の振る舞いに干渉していくことが、基本的な考え方になっています。

入力（人前に出た）↓　出力（踊り出した）　好ましい結果ではないので、弱化したい‥

報酬なし

入力（椅子が与えられた）　↓　出力（きちんと座れた）　好ましい結果なので、強化したい：報酬あり（褒める、お菓子をあげる）

実際にはもっと複雑な理論と方法論が組み上げられています。右記は極めておおざっぱな例だと思ってください。実はこの方法はＡＩの強化学習にとてもよく似ています。たとえば、将棋に利用するＡＩであれば、

入力（ある手を指した）　↓　出力（負けた）　弱化したい：報酬なし

入力（ある手を指した）　↓　出力（勝った）　強化したい：報酬あり

報酬が与えられたほうの手を、また指すように学習していくことで強くなっていきます。

自分のケースでいうと、かなり劇的に効いたのですが、あくまで１事例であるため他の人にもおすすめできるほど知見があるわけではありません。また、成長が加速するだけで、結局到達点はその子がもともと持っていたポテンシャルで打ち止めだという指摘もあります。

いずれにしろ、障害を持つ子の成長期は、わらにもすがる思いで色々試したくなるので、

ＡＢＡを通過していく親御さんも多いかと思います。ただし、ＡＢＡはその手法の性質上、一対一か極少人数での教室設定・環境設定にならざるを得ません。それはすなわち、教育単価が高いということです。

ここで問題なのは、ＡＢＡはかなり効くという事実です。最初は「月〇〇円までしかかけない」と決めていても、効果があればもっと受けさせたくなるのが人情です。しかし、その結果、一財産失うことがないように注意してください。

特に配偶者のどちらかだけが療育に熱心で、お金に糸目をつけない覚悟を決めているケースでは、家庭不和の原因にすらなります。お子さんの健康と将来は家庭にとっての最重要事項ではありますが、そこに全財産をオールインするのはぼくが専門とする情報セキュリティの観点からもリスクの高い行為です。

※本書はウェブサイト「本がすき。」の連載「大学教授、発達障害の子を育てる」(https://honsuki.jp/series/daigakunosensei)に加筆・修正を行ったものです。

岡嶋裕史（おかじまゆうし）

1972年東京都生まれ。中央大学大学院総合政策研究科博士後期課程修了。博士（総合政策）。富士総合研究所勤務、関東学院大学准教授・情報科学センター所長を経て、現在、中央大学国際情報学部教授。『ジオン軍の失敗』『ジオン軍の遺産』（以上、角川コミックス・エース）、『ポスト・モバイル』（新潮新書）、『ハッカーの手口』（PHP新書）、『思考からの逃走』（日本経済新聞出版）、『ブロックチェーン』『5G』（講談社ブルーバックス）、『数式を使わないデータマイニング入門』『アップル、グーグル、マイクロソフト』『個人情報ダダ漏れです！』『プログラミング教育はいらない』（以上、光文社新書）など著書多数。

大学教授《だいがくきょうじゅ》、発達障害《はったつしょうがい》の子《こ》を育《そだ》てる

2021年2月28日初版1刷発行

著　者 ── 岡嶋裕史

発行者 ── 田邉浩司

装　幀 ── アラン・チャン

印刷所 ── 近代美術

製本所 ── 国宝社

発行所 ── 株式会社光文社
東京都文京区音羽1-16-6（〒112-8011）
https://www.kobunsha.com/

電　話 ── 編集部03（5395）8289　書籍販売部03（5395）8116
業務部03（5395）8125

メール ── sinsyo@kobunsha.com

　ISBN 978-4-334-04509-8